高校劳动教育发展路径研究

孙 菲 ◎ 著

吉林出版集团股份有限公司

版权所有 侵权必究

图书在版编目（CIP）数据

高校劳动教育发展路径研究 / 孙菲著. — 长春：吉林出版集团股份有限公司，2024.2
 ISBN 978-7-5731-4637-3

Ⅰ. ①高… Ⅱ. ①孙… Ⅲ. ①劳动教育－教学研究－高等学校 Ⅳ. ①G40-015

中国国家版本馆CIP数据核字（2024）第049947号

高校劳动教育发展路径研究
GAOXIAO LAODONG JIAOYU FAZHAN LUJING YANJIU

著　者	孙　菲
出版策划	崔文辉
责任编辑	徐巧智
封面设计	文　一
出　版	吉林出版集团股份有限公司
	（长春市福祉大路5788号，邮政编码：130118）
发　行	吉林出版集团译文图书经营有限公司
	（http：//shop34896900.taobao.com）
电　话	总编办：0431-81629909　营销部：0431-81629880/81629900
印　刷	廊坊市广阳区九洲印刷厂
开　本	787mm×1092mm　1/16
字　数	220千字
印　张	13.5
版　次	2024年2月第1版
印　次	2024年2月第1次印刷
书　号	ISBN 978-7-5731-4637-3
定　价	78.00元

如发现印装质量问题，影响阅读，请与印刷厂联系调换。电话：0316-2803040

前　言

在当今社会，高等教育被寄予厚望，不仅仅是为了传授专业知识，更是为了培养学生全面发展的个体，使其能够胜任未来复杂多变的社会环境。然而，随着社会经济的发展和科技的飞速进步，高等教育的任务不断拓展，对于培养具备创新能力、团队协作精神、社会责任感的人才提出了更高要求。在这一背景下，劳动教育作为高等教育中的一项重要内容，其地位和作用变得越加突出。

本书旨在深入研究高校劳动教育的发展路径，探讨劳动教育在塑造学生品格、提高职业素养、促进社会责任感等方面的理论和实践问题。通过对高校劳动教育的历史演变、现状分析以及未来发展趋势的探讨，我们将全面了解劳动教育在高等教育中的地位、面临的挑战以及创新发展的可能性。

在中国古代经典中，"工欲善其事，必先利其器"这一古训早已成为中华民族劳动观念的重要体现。劳动既是一种生存的手段，更是一种文化的传承。随着社会观念的演进和高等教育理念的更新，人们逐渐认识到劳动教育对培养学生的实践能力、团队协作精神、责任担当等方面的重要性。

　　我们期望，通过本书的深入研究，能够促使高等教育界更好地认识和实践劳动教育，使之成为培养具有全球竞争力的人才的重要途径之一，推动高等教育更好地服务社会、推动社会进步。

目 录

第一章 高校劳动教育的基本理论 ···1
 第一节 高校劳动教育的理论基础 ···1
 第二节 高校劳动教育的实施原则 ···7

第二章 高校劳动教育的界定 ···16
 第一节 劳动与发展趋势 ···16
 第二节 劳动教育的内涵辨析 ···20
 第三节 高校劳动教育的内涵与外延 ·······································23

第三章 高校劳动教育的内容体系 ···32
 第一节 劳动观念 ···32
 第二节 劳动知识 ···40
 第三节 劳动实践 ···47
 第四节 劳动技能 ···53
 第五节 创造性劳动 ···59

第四章 劳动教育体系的构建 ···64
 第一节 理解劳动教育基本内涵 ···64
 第二节 明确劳动教育总体目标 ···71
 第三节 设置劳动教育课程体系 ···75
 第四节 确定劳动教育内容要求 ···79
 第五节 搭建劳动教育实施体系 ···82
 第六节 健全劳动素养评价制度 ···85

第五章　劳动教育课程的基本要求 ·· 92

第一节　高校劳动教育课程的组织机构及工作职责 ················ 92

第二节　基础劳动教育课程的基本要求和课程内容 ··············· 102

第六章　劳动精神、劳模精神的培养 ·· 122

第一节　劳动精神的内涵理解 ·· 122

第二节　劳模精神的内涵 ·· 131

第三节　劳动精神对大学生成才的重要性 ·································· 138

第四节　劳动精神、劳模精神的基本要求 ·································· 144

第五节　劳动精神、劳模精神的具体体现 ·································· 150

第七章　勤工助学劳动教育与实践 ·· 157

第一节　勤工助学概述 ·· 157

第二节　勤工助学的意义 ·· 163

第三节　高校勤工助学的岗位设置 ·· 168

第四节　如何正确处理勤工助学与学习的关系 ·························· 172

第五节　勤工助学实现个体价值 ·· 182

第六节　勤工助学和社会实践中完善自我 ·································· 190

第八章　高校劳动教育探索与实践 ·· 194

第一节　规范企业实训劳动教育，增强劳动意识 ······················ 194

第二节　规范企业实训劳动实践，落实劳动责任 ······················ 196

第三节　完善企业劳动预案，确保劳动有序 ······························ 200

参考文献 ··· 207

第一章　高校劳动教育的基本理论

劳动是一切美好生活的源泉,是促进社会发展与人类进步的根本力量,因此,高校的劳动教育就显得尤为重要。鉴于此,本章主要围绕高校劳动教育的理论基础、高校劳动教育的时代价值以及高校劳动教育的实施原则展开论述。

第一节　高校劳动教育的理论基础

一、高校劳动教育的重要意义

全国教育大会指出,"培养德智体美劳全面发展的社会主义建设者和接班人""要在学生中弘扬劳动精神,教育引导学生崇尚劳动、尊重劳动,懂得劳动最光荣、劳动最崇高、劳动最伟大、劳动最美丽的道理,长大后能够辛勤劳动、诚实劳动、创造性劳动"。这些重要论述,高扬了劳动教育的旗帜,丰富和发展了党的教育方针,具有重大的时代价值和鲜明的现实针对性,也对高校提出了加强劳动教育的新任务、新课题。

(一)构建德智体美劳全面培养的教育体系

劳动不但创造了人本身,也创造了纷繁复杂的社会生产关系和社会道德关系。劳动的价值不仅仅是创造物质财富的手段，更是创造精神财富的途径和方式。素质教育就是德智体美劳、心理素质全面发展的教育。劳动教育在其中必不可少，不然就不是全面、协调的教育。劳动教育是人生第一教育，是德智体美劳全面教育体系中的核心要素，是中国特色社会主义教育制度的重要内容，对培养全面发展的社会主义建设者和接班人具有独特意义和重要价值。此外，虽然读书或者理论学习也是一种劳动，属于脑力劳动，但真正的劳动，应该将脑力和体力相结合、理论和实践相结合，如果完全脱离实践劳动，读书学习最终就如同纸上谈兵。因此，国内高校必须重视劳动教育，构建全面培养德智体美劳的教育体系。

学习科学文化知识是一种学习，在劳动实践中的学习更是一种学习，甚至是更为深刻和重要的学习，因为在劳动中可以将理论与实践相结合，在服务他人中体悟人生的意义。高校通过组织学生开展日常生活劳动、生产劳动和服务性劳动，特别是服务性劳动，可以有效拓宽学生的视野，扩大他们的生活圈和交际圈，增强对社会的深入了解；同时，劳动教育也可以有效地增强学生的团队协作能力，以及学生间的感情交流和沟通，更有利于培养学生乐于奉献的精神，这是大学生未来走向工作岗位具备职业素养和道德的重要实训机会。

劳动教育对学生的学习和成长都有重要作用，因此高校的教育体系必须重视劳动教育，构建全面的教育体系。在劳动教育中，学生可以通过劳动锻炼自己德智体美劳等各个方面的能力，一方面能够将学习的知识运用到社会实践中,另一方面能够引导学生树立正确的世界观、人生观和价值观。无论是体力劳动还是脑力劳动,都能够对个体的成长起到关键作用,高校劳动教育必须制定完善的人才培养体系,通过课程以及社会实践活动加强劳动教育,为提高劳动教育水平搭建信息化平台,满足学生的多元化需求。

(二)建设高素质劳动者大军的重要举措

当今世界,综合国力的竞争归根到底是人才的竞争、劳动者素质的竞争。能否在激烈的竞争中占到先机、赢得主动,归根到底要靠一支高素质的劳动者队伍。面对新一轮的科技革命和产业变革,广大劳动者的知识越丰富、技能越娴熟,创造能力才会越强。创新永远在路上,学习永无止境。对劳动者而言,只有树立终身学习的理念,不断提高技术技能水平,磨砺自己的本领和才干,才能成为一名高素质劳动者,创造不平凡的业绩。

劳动以身体力行的方式获取知识,几乎是人类文明起源发展的最主要手段。劳动教育曾是我国学校教育的传统,是培养"德智体美劳"全面发展的人才的关键一环。劳动不仅对个人有重要影响,对社会、国家同样具有重要作用,而这种作用反过来又会作用于人的生存和发展。高校要把劳动教育纳入人才培养全过程,不断提高技能人才待遇水平,畅通技能人才职业发展通道,完善技能人才激励政策,激励更多劳动者特别是青年人走技能成才、技能报国之路,为国家高质量发展提供坚实的人才支撑。

劳动者不仅要有力量，还要有智慧、有技术，能发明、会创新，要适应新一轮科技革命和产业变革的需要，密切关注行业、产业前沿知识和技术进展，勤学苦练、深入钻研，不断提高技术技能水平。劳动者素质是一个国家、一个民族发展的重要基础，必须高度重视，必须拥有一支爱劳动、能劳动、会劳动的劳动者大军。当前创新已成为影响和改变全球竞争格局的关键变量，劳动者不仅要有力量，还要有智慧、有技术，能发明、会创新。要适应新一轮科技革命和产业变革的需要，密切关注行业、产业前沿知识和技术进展，勤学苦练、深入钻研，不断提高技术技能水平。因此，提高劳动者素质，是民族发展的长远大计，也是紧迫的现实课题。

多年来，我国高等教育坚持社会主义办学方向，持续推进教育改革，全面实施素质教育工程，一定程度上增强了大学生服务国家、服务人民的社会责任感、勇于探索的创新创造精神和善于发现问题、解决问题的实践能力，但现实生活中可能也存在劳动教育被虚化、弱化、软化、边缘化的现象。

为解决上述问题，我们应加强大学生的劳动教育。高校加强劳动教育，有利于大学生在课堂教学、自身学习、实验实践等教育环节上付出大量劳动，提高教育教学质量，使自己成长为优秀人才；体会劳动的辛苦和快乐，培养吃苦耐劳、艰苦奋斗的精神，只有付出劳动和不懈奋斗才有收获和实现梦想的可能；同时也可以增强抗挫抗压能力和意志力，实现理论知识与实践运用的紧密结合，提高创新创业能力，实现个人德智体美劳的全面发展，为以后个人更好的发展奠定坚实的基础，敢于担当、勇于创新、不懈奋斗、乐于奉献，收获劳动带来的尊严感、崇高感和幸福感。

二、高校马克思劳动观理论

在马克思主义经典著作中，关于劳动的论述很多。从某种程度上讲，马克思主义的整个思想体系都是围绕着劳动问题展开的，《1844年经济学哲学手稿》提出了"异化劳动"，《德意志意识形态》提出了"物质生产劳动"。《资本论》和很多手稿则是围绕"雇佣劳动""剩余劳动""自主劳动"等展开论述的。

（一）劳动和人类

马克思在《1844年经济学哲学手稿》中指出："正是在改造对象世界中，人才真正地证明自己是类存在物。这种生产是人的能动的类生活，通过这种生产，自然界才表现为他的作品和他的现实。因此，劳动的对象是人类生活的对象化：人不仅像在意识中那样理智地复现自己，而且能动地、现实地复现自己，从而在他所创造的世界中直观自身。"正是劳动，彻底将人与猿区别开来。恩格斯在《劳动在从猿到人转变过程中的作用》中指出："其实劳动和自然界一起才是一切财富的源泉，自然界为劳动提供材料，劳动把材料变为财富。但是劳动还远不止如此。它是整个人类生活的第一个基本条件,而且达到这样的程度,以至于我们在某种意义上不得不说:劳动创造了人本身。"所以,劳动是人类赖以生存、发展的决定力量。在劳动的直接推动下,人类经历了从早期猿人到晚期智人的发展过程。劳动促使人类的脑量不断增大优化,使人类体态特征越来越区别于猿而近似于现代人,而且使劳动工具日益改进和多样化,人类智力不断得到进化,物质生活逐渐丰富起来。

(二)劳动和社会发展

马克思在《德意志意识形态》一书中指出:"我们首先应当确定一切人类生存的第一个前提,也就是一切历史的第一个前提,这个前提是:人们为了能够'创造历史',必须能够生活。但是为了生活,首先就需要吃喝住穿以及其他一些东西。因此第一个历史活动就是生产满足这些需要的资料,即生产物质生活本身,而且这是这样的历史活动,一切历史的一种基本条件,人们单是为了能够生活就必须每日每时去完成它,现在和几千年前都是这样。"在马克思看来,劳动是"一切历史的基本条件",有了人类的劳动,有了满足人类生存必需的前提,才产生了生活和历史。马克思从唯物主义立场出发,充分肯定了劳动对整个人类和人类历史的重要意义。

(三)劳动和人的发展

无论是自然界、人类社会还是人的思维都在不断的运动、变化和发展,发展的实质是事物的前进和上升,人类社会的发展是前进性与曲折性的统一。实践是指人能动地改造客观世界的物质活动,是人所特有的对象性活动。人的实践活动具有自主性,人通过实践不但能够认识客观规律,而且能够合理利用客观规律,使客观规律为人所用。同时,实践还具有创造性,它创造出按照自然规律本身无法产生或产生的概率几乎等于零的事物。实践的自主性和创造性,共同体现了人的主体性特征。

异化是指主体在一定的发展阶段,由于自己的活动而产生出自己的对立面,而这个对立面又变成外在的异己的力量,并反过来反对主体本身。马克思说异化不会永恒存在,而是受一定生产关系制约的历史现象。他认为社会是人们交往方式的产物,劳动应该是一种有着主观能动性和自我意识的活动,人因为劳动而更富有创造力。在劳动中,人可以获得极大的喜悦和满足。在传统农业社会当中,工匠小作坊式的、小型自助式的生产就是一种自觉自愿的劳动。但是到了工业化时代,工人们在现代的大型工厂里就失去了自主性,变得越来越厌恶劳动但又不得不劳动,在迫不得已的压力下,劳动所带来的喜悦和满足感渐渐消失。而为了解决这些问题,马克思也提出了将劳动生产与智力相结合的方法来促进人的全面发展。

第二节 高校劳动教育的实施原则

劳动教育的原则是有效进行劳动教育所必须遵循的基本要求,它是合目的性与合规律性的统一。从合目的性的角度看,高校加强劳动教育必须符合国家高等教育的基本方针和目的，完成高等教育的基本任务；从合规律性的角度看，新时代高校加强劳动教育必须符合当代大学生的身心发展规律和社会劳动发展规律。从合目的性与合规律性相统一的视角出发，提出了高校加强劳动教育的五项基本原则，以期对高校劳动教育的成功实施提供有效的指导，具体如下。

一、思想性原则

要深刻理解和把握劳动教育在社会主义建设者和接班人培养中的思想引领作用。关于我国教育的人才培养目标，不同的时期有不同的说法。

"建设者与接班人"这一提法比劳动者更突出强调了人才的专业性与政治性，这也是符合社会发展与科技进步需要的大趋势。但是这在一定程度上使大学生在心理层面忽视了成为普通劳动者的准备。事实上，"建设者与接班人"就是以劳动为基础。我国大学生劳动教育的原则是：在劳动中坚定理想信念，在劳动中厚植爱国情怀，在劳动中加强品德修养，在劳动中增长知识见识，在劳动中培养奋斗精神，在劳动中增强综合素质，以劳动教育夯实社会主义建设者和接班人全面发展的基础。

二、时代性原则

要深刻理解和把握劳动的"变"与"不变"。一方面，要讲明劳动的本质不变性。马克思主义唯物史观强调，劳动是人类的本质活动，劳动改造自然、劳动创造世界、劳动创造人本身，离开劳动人类就不能生存与发展，这些本质特征决定了劳动始终是推动社会发展、人类进步的根本力量。人工智能可以代替人类的部分体力或脑力劳动，人类的自由闲暇时间可明显增加，但绝不能滋生贪图享乐、好逸恶劳的心理。要知道，人类的文明进步、社会的健康和谐、国家的繁荣富强，依然离不开中国制造硬实力的支撑，离不开全体社会成员人尽其才、各尽所能的辛勤劳动、诚实劳动、创造性劳动。

劳动是人类最本质的活动，是推动社会进步的根本力量。"劳动光荣"与"创造伟大"是人类文明进步的重要内涵。历史由人民创造，未来通过劳动开创。因此，要实现伟大的奋斗目标，开创美好的未来世界，就要做到紧紧依靠人民、始终为了人民，必须依靠辛勤劳动、诚实劳动、创造性劳动；劳动是一切财富与幸福的源泉，人类一切美好的梦想与生命中的辉煌都必须通过辛勤的劳动来实现和铸就；在发展过程中遇到的各种难题，也只有通过诚实劳动才能破解。新时代劳动教育必须以更生动、更接地气、更有显示度的方式，将这些彰显着劳动亘古不变的本质特征的真理性认识讲深、讲透、讲活，讲进每一个人的心里。

另外，要深入认识新时代劳动的形式变化性。讨论劳动时，不能只把体力劳动、简单劳动看成是劳动，要教育和引导大学生充分认识到新时代劳动形态的丰富性，以及不同形态的劳动在社会生产生活中的地位、作用，把脑力劳动与体力劳动、群体劳动和个体劳动、有偿劳动和公益劳动、简单劳动和复杂劳动、创造性劳动和重复劳动、生产领域的劳动和非生产领域的劳动等，都看成是劳动。既不把其中某一种劳动形式理解为劳动的全部，也不以其中一种形式否定相关联的另一种形式，真正明白并由衷认同"不论是体力劳动还是脑力劳动，不论是简单劳动还是复杂劳动，一切为我国社会主义现代化建设做出贡献的劳动，都是光荣的，都应该得到承认和尊重"的道理；要充分认识新时代劳动关系的复杂性，强化劳动教育的人本情怀，教育大学生正确认识体力劳动的社会价值，由衷地尊重体力劳动和体力劳动者，认识到让体力劳动者变得越来越有文化，生活越来越丰富多彩，劳动的技术含量、收入、社会地位越来越高；要回归劳动教育促进个体全面和谐健康发展的内在目的，通过教育引导学生深刻认识新时代劳动为自身全面发展创造的有利条件、提出的素质要求，加强职业生涯规划教育，从劳动是"生活的第一需要"，而不仅仅是"谋生的手段"的立场出发，引导学生积极主动地根据自己的才能、禀赋、兴趣、爱好就业创业，真正把劳动作为实现自我价值的内在需要。

三、体系化原则

在高校教育工作中，要对融入劳动教育内容与独立设置有深刻的理解，从而加强高校劳动教育内容体系的设计。劳动是人类最基本的存在方式，劳动本身蕴含着巨大的教育价值。它是学生智力水平发展、健全人格形成、良好品德养成和业务才干增长的根本。从这个角度来看，没有劳动就没有真正的教育。教育的任务就是让劳动渗入受教育者的内心与精神世界中，使其在青少年时期就对劳动有正确的认识，能够热爱劳动、积极劳动。对学生而言，如果只是贪图享乐，只愿意享受社会创造的物质精神财富，那么教育的意义就荡然无存。因此，劳动教育作为教育的根基与灵魂，为达到整体育人和全面育人的目的，应有机融入人才培养的各个环节中。

高等教育是直接面向职业的教育，也是直接通向劳动岗位的教育，因此，劳动教育对高校更要强调有机融入。高校的每个专业教育都具有劳动教育的性质，因此，在高校推进劳动教育，需要与专业教育紧密结合，与思想教育紧密结合，与实习实训紧密结合，与社会实践紧密结合，还要与创业创新教育紧密结合，一定要将劳动教育融入高校教学、科研、德育等的方方面面中去。但是，如果只是融入，不为劳动教育设置独立的地位，那么，劳动教育就有可能在融入的过程中被弱化、淡化、形式化。因此，为坚持高校劳动教育的可持续发展路线，就必须科学构建劳动教育体系，在有机融入与独立设置之间找到最佳平衡点。

例如，高校的课题组可以以大学生五方面劳动素养的提升为核心，围绕高校劳动教育的三大任务领域：劳动思想教育、劳动技能培育、劳动实践锻炼，结合现阶段我国高校人才培养体系与模式，设计"1+8"的劳动教育实施体系和"3+1"的劳动教育保障体系，提出建构独立设置与有机融入相结合的高校劳动教育体系的总体思路。高校劳动教育体系由核心层"五大目标体系"，中间层"三大任务体系"和"'1+8'劳动教育实施体系"，以及外围层"'3+1'劳动教育保障体系"构成。其中，"五大目标体系"强调高校劳动教育应以全面提升大学生的劳动素养为核心，在通过各条教育渠道推进劳动教育的过程中，一定要有意识地强化相关劳动素养的培养。

"三大任务体系"代表了实现高校劳动教育"五大目标"需要强化的三大任务。其中，劳动思想教育的重点是培养大学生的劳动情感、态度与品德；劳动技能培育在注重劳动知识和技能学习的同时，也要重视相应品德的培养；劳动实践则是大学生养成良好劳动习惯的重要途径；同时，也是强化劳动知识技能、深化积极的劳动情感的有效途径；劳动价值观是劳动素养的核心要素，劳动价值观的形成、发展、成熟与稳定，离不开劳动思想教育、劳动技能培育和劳动实践三大任务的共同推进。

"'1+8'劳动教育实施体系"为高校实施劳动教育指明了现实道路。"1"是建设专门化的劳动课程，如开设"劳动科学概论"等劳动教育类公共通识课程或选修课程，加强大学生劳动知识的学习，提升大学生的劳动意识，从而帮助大学生形成良好的劳动价值观，获得更好的职业发展，这应是高校劳动教育的重要组成部分。"8"则是劳动教育有机融入高等教育现有人才培养体系的八条路径，包括：劳动教育与思想教育和校园文化建设相结合，这有助于完成劳动思想教育任务；劳动教育与职业生涯教育和就业指导相结合、与创新创业教育相结合、与社会实践和志愿服务相结合、与产教融合相结合，这四点是培养学生在劳动实践锻炼中树立劳动思想、提升劳动技能的主要形式；劳动教育与专业教育的结合、与实习实训的结合，是知识与实践的统一，强调在劳动技能培育的同时渗透劳动思想的教育。在这个体系中，最外层是"3+1"劳动教育保障体系，强调高校劳动教育的推进需要内外部的各种保障因素，"3"是师资队伍保障、条件保障和评价体系保障这三大内部保障因素，"1"是劳动教育的社会支持这一外部因素。

四、创新性原则

要深刻理解和把握高校劳动教育继承与创新的关系，特别是要注意根据劳动和大学生的新特点，内容出新、手段革新。首先，劳动发展的新特点要求高校劳动教育内容出新。各行各业、所有岗位的工作都是在劳动，都需要发扬劳模精神、劳动精神、工匠精神。其次，大学生的新特点要求高校劳动教育手段革新。劳动教育面向的是"00后""10后"，这一代人是伴随着互联网长大的，他们参与传统体力劳动的机会减少、劳动意识较为缺乏，对劳动的认识与上一代、上两代也有较大差异。针对这一特点，在强调利用传统方式加强大学生劳动价值观教育、劳动情感态度教育和劳动品德教育，强化劳动实践训练的同时，也要积极借鉴国内外的先进经验，灵活运用先进的网络信息技术，采用人工智能、现场体验、仿真试验等新形式，不断拓展劳动教育的方式方法。可通过在线课堂、手机课堂、慕课、微课堂等方式讲授劳动教育课程内容，从而增强劳动教育课程的趣味性、即时性与互动性。要充分重视校内外的媒体，利用传统纸媒的权威性与新媒体的传播优势进行全媒体传播。利用"两微一端"网络平台，追求课程制作的轻量化、可视性和互动性，从而实现更好的传播效果。

此外，还要把握网络传播的特点，根据大学生网民的习惯，以平等、平和为原则推进劳动教育发展。这些全新教育形式的出现，可以大幅提升劳动教育课程的吸引力与感染力，使劳动教育内容更加鲜活、真实地出现在大学生面前，从而全面提升教育的实际效果。

五、协同化原则

要深刻理解和把握学校教育与家庭教育、社会教育的关系，在用好学校这个主战场的同时，发挥好家庭教育和社会教育的协同作用。

一方面，要积极发挥家庭教育在个体劳动素养培育中的基础性作用，做好家校沟通工作，家校合力共同培养大学生良好的自我服务劳动和家务劳动习惯；家校合力共同培养大学生正确的择业就业观，有效解决好大学生就业中的不良现象。

另一方面，要积极发挥社会劳动教育的重要支撑作用。要加大社会实践力度，多组织大学生走进社区、工厂、农村等，在社会这所大学校里，掌握真才实学，增益其学不能；要构建学校、社会、企事业单位三协同的师资团队，组建社会志愿者辅导团队，把劳动模范、大国工匠、传统技艺师傅、非遗传承人、老教授、老专家、老艺人、老科技工作者等组织动员起来，为学生劳动创造提供辅导；要充分发挥好高等教育的社会服务功能，积极与企事业单位建立产学研用、互惠互利的合作共赢关系，切实建设好和发挥好校外劳动实践基地的作用；要积极向政府争取政策立法，以减免部分税收或拨付企业教育补助金等方式，对与学校建立了稳定的实习实训合作关系的企事业单位予以奖励，更好地调动社会力量参与学校劳动教育的积极性。

第二章　高校劳动教育的界定

推进高校劳动教育必须从高度、广度、温度、力度等多个维度集中发力,增强劳动教育的政治性、协同性、科学性和实效性,真正贯彻落实党的教育方针,切实提升劳动教育质量,促进学生全面发展、健康成长。本章主要围绕劳动与教育方针、劳动教育的内涵以及高校劳动教育的内涵与外延展开论述。

第一节　劳动与发展趋势

一、劳动的界定

劳动,即劳动力的支出是人们通过改变劳动对象使之适合自己需要的有目的的活动。劳动是人类社会生存和发展的基础。它主要是指人们在生产物质资料过程中付出劳动力,并能够对外输出劳动量或劳动价值的活动。劳动是人们在社会生活中维持自我生存和发展的唯一手段。按照传统的劳动分类理论,劳动可分为脑力劳动和体力劳动两大类。在商品生产体系中,劳动是劳动力的支出和使用。劳动力的使用就是劳动本身。劳动力的买者消费劳动力,就是让劳动力的卖者劳动。

劳动是一种有意识、有目的地通过调整自身活动以实现控制自然和产生物质交换的人类活动，通过活动为人类提供所需满足自己的生活要求，是人类与自然之间的活动桥梁。劳动创造人类，劳动创造世界，劳动创造未来。

二、劳动的内涵与外延

关于劳动的内涵，我国《中华人民共和国宪法》规定"公民有劳动的权利和义务"。这就要求每一个有劳动能力的人，都要把劳动看成是自己的光荣职责，必须以主人翁的态度对待劳动。

劳动的外延是人类实践活动的一种特殊形式，多指创造物质财富和精神财富的活动。在《中国大百科全书》（哲学卷）中，劳动被定义为"人类特有的基本的社会实践活动，也是人类通过有目的的活动改造自然对象并在这一活动中改造人自身的过程"。在经济学中，劳动则是指劳动力（含体力和脑力）的支出和使用。

本文旨在为培养学生形成对劳动及劳动人民的积极态度和观念，养成热爱劳动、积累劳动知识的习惯，提供一系列基础教育实践案例。劳动还与"劳动技术教育""通用技术教育"等概念相关。但是，"劳动技术教育"强调的是技术的学习，与职业定向存在更密切的关联；"通用技术教育"则是开展基础技术教育的课程形式，"通用技术"是其教育重点。换言之，劳动教育是面向所有教育对象的普通教育，而"劳动技术教育""通用技术教育"两个概念中虽也有"劳动"的要素，但较多指向具体技术或者通用技术的学习实践等，强调重点有显著差异。

人们所说的基础劳动，是人们在学习、生活、工作过程中，为创造一个良好、舒适的环境，而进行的必要的且是最基本的劳动。例如，室内外环境卫生的清扫与维护，把各种物品科学合理地摆放整齐，一般绿化、植被的修剪与整理等，都是最简单、最基本、最基础的劳动，也是我们学会做人做事最根本的需要。

三、基础劳动教育课与勤工助学、义务劳动

在高职院校一年级开设基础劳动教育课，列入专业人才培养方案，作为公共德育必修课程，这是对人才培养的创新与要求。

勤工助学，一般指家庭经济贫困的学生利用课余时间参加劳动，通过工作赚取报酬来帮助完成学业。也有学生并不是为了报酬，而是想提前进入社会和企业单位，多积累一些工作经验，使自己毕业后能够顺利就业。勤工助学一般以个人自发行为为主，但也有部分勤工助学是学校有组织的行为。

勤工助学和基础劳动教育课虽然都是劳动力付出，而且都是学生在校期间的劳动，都以树立正确的劳动价值观、更好地锻炼自己为目的的劳动。但勤工助学主要是利用课余时间参加劳动活动，以获取一定的报酬或社会工作经验为目的的劳动活动。劳动教育课是指学校有组织的课程教学与实践行为，按照专业人才培养方案，规范课程教育教学和实践，建立和记录学生个人课程成绩档案，进行教学实践检查和教学质量评估要求，

并且通过教育教学和实践环节来培养学生讲卫生、爱劳动、创文明的品德和吃苦耐劳的精神。

义务劳动是指不计定额，不要报酬，出于自己的自由意志而进行的各种社会服务类型的劳动活动。义务劳动更是一种无私的、道德品质好、思想境界高的劳动活动，是值得倡导的社会主义奉献精神的劳动。通过参加义务劳动活动，能起到促进人的思想洗礼、净化人的心灵的作用。总之，基础劳动教育课是人才培养要求的课程，是学校和学生必须完成的教学任务；勤工助学是一种目的比较明确的压力型劳动；义务劳动是自愿奉献的社会服务劳动。

四、劳动的未来发展趋势

未来是信息社会，很多工作需要处理复杂的工作情境，需要人们具备较高的综合素质和能力。不论劳动课程设计，还是实施劳动教育的过程，都要充分考虑社会发展现状和未来社会对人才的需求趋势，将信息社会、信息技术等代表未来发展方向的劳动技能融入劳动教育中。着眼于人工智能不断发展的现实，计算机和人类各具比较优势，几乎所有按照既定程序操作的工作，计算机都可以完成。这些原本由人类负担的工作正在越来越多地由以计算机为代表的人工智能代替人类，留给人类可以完成的是那些需要用复杂的认知去判断、执行的工作。这些工作没有既定的规则可以遵循，需要人类通过密切交流，依据既定情境判断，从而创造性地解决。

如今，人工智能正在逐步取代人类的劳动力，世界人口总数在未来几十年还是会不断增加，但需要人类的工作岗位却越来越少了。随着科技的发展，简单的劳动必将被人工智能替代。

第二节 劳动教育的内涵辨析

劳动教育已经是教育组成中很重要的部分，全国教育大会提出了综合全面发展的总要求，将劳动教育从有效途径变为重要内容说明了劳动教育在国民教育中的地位越来越受到重视，也说明了劳动教育要带着新体系和创新设计出现在教育体系当中。正确看待劳动教育在新时代的地位与意义，能够为劳动教育的体系设计提供稳固的基础。

内涵与外延是对概念指称的事物本质属性及其适应范围的概括。辨析高校劳动教育概念的内涵与外延，就是在辨析其属性概念——在劳动教育的内涵实质基础上，进一步明确高校劳动教育应该是什么和教什么。分析以往劳动教育的有关定义可以发现，人们对劳动教育的本质属性认识大体可以分为四类。

一、将劳动教育视为德育的内容

《辞海》对"劳动教育"的定义是："劳动教育是德育的内容之一，对学生进行热爱劳动和劳动人民、珍惜劳动成果、树立正确的劳动观点和劳动态度、通过日常生活培养劳动习惯和技能的教育活动。"《中国大百科全书·教育》中将"劳动教育"定义为:"使学生树立正确的劳动观点和劳动态度,热爱劳动和劳动人民,养成劳动习惯的教育,是德育的内容之一。"这两个定义均强调了劳动教育的德育属性,直接将劳动教育定义为德育的一部分,侧重热爱劳动和劳动人民的情感、正确劳动观念和态度的培养,把劳动习惯和技能的教育看作日常生活培养的结果,并不突出劳动教育的智育价值。

二、将劳动教育视为智育的内容

《教师百科辞典》对"劳动"的定义是:"劳动教育就是向受教育者传播现代生产的基本知识和技能,培养他们具有正确的劳动观点、劳动习惯和热爱劳动人民、劳动成果的感情。劳动教育十分重视劳动过程中的智力因素,把平凡的劳动同创造性劳动结合起来,把简单的劳动与富有知识的劳动结合起来。"成有信在其《教育学原理》中更是将"劳动教育"定义为"培养学生具有现代工农业生产的基本知识和基本技能的教育"。这两个定义均强调了劳动教育的智育属性,将劳动教育的主要价值表述为传播现代生产基本知识和技能,提高社会劳动生产的智力水平。

三、将劳动教育视为德育与智育综合体

《中国百科大辞典》在"劳动技术教育"词条下对劳动教育和技术教育分别做了解释:"劳动教育是以劳动实践为主,结合进行思想教育。技术教育是使学生掌握一定的生产知识及技术和劳动技能。其实施有利于

培养学生的劳动观点、劳动技能和劳动习惯，为普通教育和职业教育打下基础。"换言之，劳动教育更偏重德育，技术教育更偏重智育，二者相结合共同培养人的劳动观点、劳动技能和劳动习惯。这些定义均强调了劳动教育的思想品德教育和知识技能教育的双重属性。

四、将劳动教育视为促进学生全面发展的教育形式

劳动教育旨在通过参加劳动实践，达到对受教育者有组织、有目的、有计划的培养，是通过劳动来综合提升德智体美全方面素质的一种教育活动。劳动让青年一代能够通过参加劳动活动训练，提升自己的综合素质，也是教育中德育体育实现的重要因素。让年轻人在成长初期就意识到劳动的重要性，以及劳动不仅能锻炼人的体能，还能更自然全面、更充分激发他们的天赋，同时也会带来精神上的幸福感。由此可知，劳动教育能够通过让学生亲身参与实际训练的形式，使自身德智体获得全面发展。陶行知把劳动教育视为"在劳力上劳心"的实践活动。在劳动过程中学习领悟的这种实践形式，使进行劳动教育的工作变得更有意义，通过劳动过程中的自我领悟，让个体的内在价值彻底被激发出来，这对促进认知发展、提高实践能力等都有着十分重要的意义。

根据劳动教育的定义大致可以将劳动教育分为两类：一是形式上的劳动教育。形式上的劳动教育可以理解成通过劳动让学生领悟劳动，让精神成长，让德智体美劳全面发展。二是内容上的劳动教育。内容上的劳动教育，可以理解为劳动与德智体美四育一样，也有相应的教学内容

和任务，劳动旨在培养学生热爱劳动和劳动人民，培养良好的观念、习惯和态度等。但是一般人认为劳动的含义可以包含在德育和体育中，因此劳动教育一直不能达到与其他四育相一致的地位，只是完成各自任务的载体。劳动教育确实在各育方面有被弱化的现象，难以达到平等地位，这也有国民教育体系对劳动教育方面的规定不明确的原因。因此，如果想要完成新的教育体系设计中德智体美劳全面发展的基本规定，那么就应首先解决劳动教育在整个教育体系中性质和地位不明确的问题。

如果劳动教育想作为教育体系中全面综合发展的一部分，那么就应让社会看到劳动所能带来的德智体美教育以外的育人价值，要看到除了德智体美外，劳动教育在国民综合素质培养中带来的独特价值。我们应该从事劳动、具备对劳动的正确价值观与态度、具备基本的劳动能力，这也是公民最重要的素质之一。

第三节 高校劳动教育的内涵与外延

一、高校劳动教育的内涵

基于以往的相关教育概念，可以将劳动教育定义如下：劳动教育是各个高校在教育人才系统组成中重要的一部分，也是能够顺应大学生劳动方面发展要求的培养模式。对大学生进行劳动技能思想实践等方面的锻炼，能够促使大学生在劳动当中获得幸福感、责任感，发展成为具有创新精神的高级实践性人才；通过锻炼培养大学生劳动实践，培养出更加符合社会时代发展要求的技术型人才。这个定义从以下方面明确了劳动教育的本质。

（一）地位方面

劳动教育应该以培养学生综合全面发展为主要目标，将劳动教育作为与德智体美并举的教育内容的重要部分，只有重视劳动教育才能制定出全面发展的教育体系。年轻人接受高等教育阶段是提升劳动力素质的最佳时机，这个阶段年轻人即将走向职场，需要在进入各行各业前培养相关的技术技能。高校依托整个教育体制强化劳动教育的同时，也在专门的劳动教育体系中着力培养大学生对劳动的态度、价值观以及责任权益等基本素质。任何教育都需要依托于完整、科学的教育课程体系，劳动教育也不例外，如此才能通过实践达到教育的目的。

目前，高校智育有全方位专业教育体系做支撑，高校体育有专门的体育训练课程做支撑，高校美育也因为《学校艺术教育工作规程》（教育部令第13号）的印发得到了有效支撑，各高校纷纷成立了艺术教育中心，开设了艺术类必修或选修课程。独有高校劳动教育既没有统一的教育大纲或工作规程，也没有相应的课程要求、考核与评价要求、人财物保障要求，只把劳动教育融入各专业学习中，认为高校各专业的教育本身就是劳动教育。这种现状很容易造成劳动教育各专业都管，但都管不到位的现象。因此高校劳动教育也应该是"课程劳育"与"专业劳育"的有机结合。在专业教育之外，设置专门的劳动教育选修或必修课程，系统建构独立设置与有机融入相结合的高校劳动教育体系。

（二）内容方面

劳动是一个发展性的概念，在不同的历史时期有不同的内涵。在新经济条件下，人类认识自然和改造自然的能力不断提高，科学技术的迅猛发展使新时代劳动呈现出新的发展趋势，具体如下：

劳动者逐渐减少体力上的支出，而增加智力上的支出；同时劳动者也会减少流动性，劳动的内容会更加多彩、形式会更多变；随着劳动效率的提高，人们会拥有更多自己的时间；劳动人才作为主体的重要性越来越突出，同时国际上对有一定技能要求的人才争夺上也会越加激烈。但劳动依然是人们最重要的收入来源和生存手段，这些变化在提醒当代高校，对劳动教育要做出相应的改善，以应对社会的新要求。

（三）形态方面

对于劳动教育，当代大学生能从多个方面获益，如接受劳动教育能够培养当代大学生对劳动的情感态度、价值观以及伦理责任和权益意识，这些都是劳动教育能够达到的德育属性。对于劳动技能方面，也能够充分体现劳动在智力培养方面的价值。大学生在各个专业理论学习实践等方面虽然已经有对劳动教育方面的培养，但是更加偏重提升劳动技能。这也就是劳动教育的价值，通过让学生亲身参与劳动，在社会中磨炼意志，增长自己的才干知识，培养自己对社会的责任感。由上可知，劳动教育在三大方面都有着十分重要的作用，它们相互影响促进形成了当代高校教育中劳动教育的内容和形式，进而形成统一，在理论和实践相结合的过程当中互相弥补不足之处。

（四）目标方面

劳动教育在学生的全面综合素质培养中一直占有重要的地位，当代的劳动教育应该结合时代的发展趋势，充分地应对变化趋势，使劳动教育发挥出德智体美创新的育人价值。同时，也应该意识到，如今劳动教育不被重视的根本原因是劳动教育独特的任务。需要提升学生在劳动方面的素养，从思想、技能和实践三个方面融入高校的教育中，使当代大学生得到劳动素质方面的提升。也可以说，大学所有的关键育人环节都存在着劳动教育的身影，但是这些都局限于对劳动技能和知识本身的获取，对劳动素养并没有助益，提升劳动素养还是需要通过真正的劳动教育来获得。也就是说，一般理解的知识学习、实验以及社会实践等，主要能够解决的是将知识应用到实践当中，但是如果单纯侧重技术教育和技能培养等方面，这些则不属于劳动教育的主要目的。明确劳动教育在学生综合全面教育体系当中的概念，正确认识劳动教育的内涵，能够避免教育在实践当中出现的方向不准确现象。

（五）目的方面

在高校教学中，使大学生通过劳动获得创新灵感、幸福感，培养在国家建设中具有社会责任感和创新意识的专业高级人才，在劳动教育中十分重要。这个定位是当前对劳动教育提出的内在与外在相统一的要求。纵观我国劳动教育的历史,并没有认识到劳动能促进身心发展以及个人综合素质全面发展的事实,这也正是劳动教育外在因素改革的重要原因。可以学习一些相对成功的案例,来反思劳动教育的历史。高校劳动教育首先要引导大学生在劳动创造中获得幸福感,激发其劳动创造的热情与兴趣,在此基础上实现《中华人民共和国高等教育法》确立的"培养具有社会责任感、创新精神和实践能力的高级专门人才"的人才培养目标。

二、高校劳动教育的外延

外延分析是对概念的适用范围及其所含类别的辨析,依据不同的标准可对概念包含的类别做出不同的区分。对高校劳动教育的外延分析应从劳动教育的独特育人价值即全面提升学生的劳动素养入手。一般认为,素养是个体在长期教育和环境影响下形成的某一方面的稳定修养,包含了能力、知识、态度、价值观等内容。

(一)劳动价值观方面

劳动价值观是劳动者对劳动的思想认识、根本看法,它直接决定着劳动者的价值判断、情感取向与行为选择,是劳动素养的核心内容。"劳动最光荣、劳动最崇高、劳动最伟大、劳动最美丽",这是对新时代劳动价值观的明确定位。要落实这一定位,需结合唯物史观教育和劳动科学知识的学习,引导大学生充分认识人民创造历史、劳动开创未来这一历史特点。劳动是推动人类社会进步的根本力量的真理性意义;真正明白"劳动是财富的源泉,也是幸福的源泉"的道理,真切体验在劳动创造中把自己的理想同祖国的前途、把自己的人生同民族的命运紧密联系在一起,扎根人民,奉献国家的幸福感;深刻理解按劳分配是实现社会正义的基本原则;正确认识新时代劳动的复杂性与多样性,由衷认同"一切劳动,无论是体力劳动还是脑力劳动,都值得尊重和鼓励"的道理,切实纠正轻视体力劳动和体力劳动者的错误心态;深入理解"尊重劳动"为"四个尊重"(尊重劳动、尊重知识、尊重人才、尊重创造)之首,不能抛开"尊重劳动"去谈时代精神。

(二)劳动情感态度方面

劳动情感态度是劳动者的个性心理特征的反映,是个体在一定劳动价值观支配下、在长期劳动情感体验基础上形成的一种相对稳定的劳动心理倾向。"爱劳动"一直是我国劳动教育着力培养的基本劳动情感态度。新时代劳动情感态度教育既要强调热爱劳动、勤于劳动,又要强调热爱创造、善于劳动。因为热爱劳动、热爱创造是立业为人的根本,是实干兴邦的基石,更是富民强国的动力。

培育大学生热爱劳动、热爱创造的情感态度,要在培养热爱劳动者的真挚情感上下功夫,通过教育引导大学生真正认识到尊重普通劳动者、珍惜他们的劳动成果是人的基本修养;要在科学构建劳动实践训练体系上做出努力,着力优化大学生专业实习实训、精心组织社会实践与志愿服务、全面推进创新创业教育、不断深化产教融合,引导大学生在广阔的生产劳动与实践中加强磨炼、增长本领；要在培养大学生勤奋学习、刻苦钻研上做出努力，狠抓学风建设，教育大学生由衷认识到认真学习、刻苦钻研，不仅能够增进文化知识，更能够磨炼意志、锤炼品行、提高自己的身体素质，让勤奋学习成为青春飞扬的动力。

（三）劳动品德方面

劳动品德体现了劳动的伦理要求，人们在劳动中能够体现出一种对他人和社会的表现。这些表象具有稳定的特征和倾向，辛勤、诚实、创新也是当今对劳动提出的更高要求。辛勤劳动、诚实劳动和创造性劳动是统一的。辛勤劳动是诚实劳动、创造性劳动的前提和基础。"一勤天下无难事""民生在勤，勤则不匮"，这些中国人自古秉承的劳动信念在当今依然熠熠生辉，"坚持艰苦奋斗，不贪图安逸，不惧怕困难，不怨天尤人，依靠勤劳和汗水开辟人生和事业前程"依然是现代大学生需要发扬的美德。诚实劳动是辛勤劳动的表现，也是创造性劳动的前提。

创造性劳动是辛勤劳动、诚实劳动的发展，也是劳动的核心和本质要求。当今时代是创新发展的时代，大学生是创新发展的重要新生力量，因此，当今高校需要在辛勤和诚实劳动的基础上发挥创造力。让大学生知道不仅仅要靠辛勤的劳作，也需要靠智慧、靠创新，引导当代大学生以科学家、工匠精神和劳动模范为楷模，脚踏实地学习、心怀理想、敢于进取、敢于创造，谱写当代的创造之歌。体面劳动彰显了新时代劳动发展的人本趋向。新时代劳动发展为大学生创造了更多体面劳动的机会，也对大学生的劳动素质提出了更高的要求。要加强职业生涯规划教育，引导大学生结合自己的个性、能力、禀赋和爱好进行择业就业；要加强劳动法与社会保障法教育，帮助大学生树立合法维权的意识；要强化劳动教育的人本理念，引导大学生为建立一个"排除阻碍劳动者参与发展、分享发展成果的障碍，努力让劳动者实现体面劳动、全面发展"的公平正义的社会而奋斗。

（四）劳动习惯方面

劳动习惯是个体在长期劳动实践训练中形成的稳定的行为模式。当代大学生要知行合一，面向实际，在学习和工作中都要秉持严谨的态度，苦干实干，高校的劳动教育要将劳动观念塑造得更加全面、更加务实，把劳动看作是一项能够创造和改变世界的活动，让"真抓实干、埋头苦干"成为大学生学习、工作、做人、做事的基本行为方式。

（五）劳动知识与技能方面

劳动知识与技能是个体从事一定劳动所必须具备的知识、技术、技巧及合理运用这些知识、技术、技巧的能力，是大学生劳动素养全面提升的必备基础。劳动人民都要通过辛勤的学习，提高自己的科学文化知识与各方面的技能，综合素质要不断的提高、练就本领。高校教育本身就是一种对劳动在知识方面的学习，大学实践与实习都是对劳动技能的训练。这也是大学教育当中比较重要的劳动教育，必须通过劳动教育，为具有创新性、技术性和知识性的劳动者打下基础。除了各个专业课的学习之外，还应该通过劳动的知识技能的教育和劳动科学本身的教学培养，来实现劳动教育的更高目标。

人们通过历史的不断发展来总结和创新，逐渐形成自己的规律和学科，劳动伦理、哲学、社会学、文化学等一系列学科都是通过这种总结和创新形成的。这些学科能够提升人才的培养质量，也能够继续深入地研究劳动问题，在鼓励学生多方面认识劳动这门学科的同时，也分析和研究劳动的本质，增强他们对劳动的认识，提升劳动技能。可结合大学生未来的劳动、工作、职业发展需要，通过开设专门的劳动教育课程、完善大学生职业生涯规划和就业指导教育，加强劳动人权、劳动伦理、劳动关系、劳动条件、社会保障、职工福利、职业安全与卫生、劳动法与社会保障法等相关知识与技能的学习。

第三章 高校劳动教育的内容体系

劳动是中华民族的传统美德。劳动教育实施是高校劳动教育的重要组成部分,高校如何实现立德树人的培养目标,合理建构高校劳动教育的内容体系,成为当今高校劳动教育实施的主要内容,将直接决定大学生的劳动精神面貌、劳动价值取向和劳动技能水平。当今,全面加强高校大学生的劳动教育是从新时代劳动知识学习、技能培养和价值养成三维目标的角度出发,建构包括劳动观念、劳动知识、劳动实践、劳动技能以及创造性劳动等维度构成的内容体系,全面提升高校大学生的劳动素养。

第一节 劳动观念

劳动观念的养成是当今高校劳动教育内容体系的第一个维度,也是所有劳动教育内容中最核心的要求。作为大学生,要树立和形成正确的劳动观念,对培养社会主义建设者和接班人具有重要意义。因此,劳动观念养成是当今高校劳动教育的核心内容,要将树立正确的劳动意识,养成良好的劳动习惯,形成尊重劳动、崇尚劳动与热爱劳动的劳动态度,以及培育大学生"四最"导向的劳动价值观作为劳动教育内容体系中的首要内容，以实现全面提升学生的劳动素养。

一、正确的劳动意识与良好的劳动品德

树立大学生正确的劳动意识、养成良好的劳动品德是全面提升大学生劳动素养的内在要求，是高校劳动教育实施的首要内容。劳动意识与劳动品德之间呈现出相辅相成、相互促进的样态关系，唯有具备良好的劳动意识，才能养成良好的劳动品德。培养大学生的劳动意识是对劳动的思想认识，并直接决定着劳动者的情感态度、价值判断以及行为选择，使其在该意识支配下形成热爱创造、热爱劳动等心理活动。劳动习惯则是个体在长期劳动实践过程中所养成的尊重劳动、热爱劳动的行为方式。现阶段，大学生对自身内心的认识往往存在模糊性，对真实世界的认识也是表象的，而揭开问题的钥匙之一就是劳动，每位大学生只有通过劳动教育才能逐渐建立正确的世界观、人生观以及价值观，这对于塑造大学生的劳动观念、培养大学生的劳动意识与劳动品德具有重要意义。

（一）劳动意识方面

观念是行为的先导，大学生的劳动意识并非与生俱来，良好的劳动意识是通过学习获得的，而非自发生成的。一方面，让大学生明白"劳动是财富的源泉，也是幸福的源泉"的道理，在劳动创造中"把自己的人生同民族的命运紧密联系在一起，扎根人民，奉献国家"；鄙视"不劳而获""少劳多获"的投机思想，正确认识新时代劳动的复杂性与多样

性，由衷认同"劳动没有高低贵贱之分，任何一份职业都很光荣"的道理。另一方面，需要借助一定的教育手段和教育方式，将劳动教育与思想教育、家庭教育相融合，大力宣传大国工匠、劳动楷模等先进人物案例与事迹，激发大学生创新劳动、主动劳动、勤劳勇敢、自强不息等劳动情感，在精神层面对大学生产生升华与引领作用，从而使大学生真正明确劳动是实现人类全面而自由发展所必需的实践活动，更是促进社会进步与发展的根本途径。

（二）在劳动品德方面

良好的劳动品德不仅是一个人劳动精神的外在体现，更是成为一个幸福劳动者所需要的，通过劳动和创造播种希望、收获果实，磨炼意志以及提升能力。大学生高尚的心灵是在劳动中培养起来的，要鼓励大学生多参加劳动。因此，高校要通过实施系统化与科学化的劳动教育，着力矫正学生中存在的眼高手低、轻视劳动、逃避劳动的现象，矫正"凡事皆可代、万物皆可买"的"消费主义"思维，从打扫寝室卫生、清洁实训现场等点滴小事做起，从自我生活劳动做起，有目的、有计划地在系统的文化知识学习之外组织学生参加日常生活劳动、生产劳动和服务性劳动，引导学生在积极参与劳动实践中锤炼意志。

二、尊重劳动、崇尚劳动与热爱劳动的劳动态度

培养大学生积极的劳动态度既是大学生认识与实践辛勤劳动、创造性劳动行为的前提与基础，也是当今高校劳动教育的重要内容。大学生的

劳动态度是指大学生从事劳动的动机以及在劳动中的行为价值，即大学生对劳动的认识和以此为指导所采取的行动。当今，培养大学生积极的劳动态度就是要消除大学生对劳动的偏见与怠慢的态度，形成劳动最光荣、劳动最伟大的价值观念与尊重劳动人民、珍惜劳动成果的积极态度，进而尊重劳动、崇尚劳动与热爱劳动。

（一）在尊重劳动方面

从历史发展脉络上看，尊重劳动是被不断强化的。从古代的"勤劳并行、轻劳动重民本"到近代"劳工神圣"再到现代"劳动最光荣"的理念倡导，时刻彰显着我国尊重劳动的生成逻辑与实践样态。换句话说，无论是中华优秀传统文化，还是中华民族精神历来都是以尊重劳动为根基的。在当下，大学生劳动幸福感的获得离不开对劳动的尊重，当大学生的诚实劳动得以被尊重时，就会从劳动中感受自我存在的意义与价值。诚如李大钊所言："我觉得人生求乐的方法，最好莫过于尊重劳动，一切乐境，都可由劳动得来；一切苦境，都可由劳动解脱。"高校学生作为劳动的主体，我们在尊重劳动的基础上，更要尊重劳动者本身。一是引导大学生诚实劳动。要求大学生在劳动过程中按照高校的规章办事、诚实守法，以职业道德、劳动美德等严格要求自我，帮助大学生摒弃弄虚作假、好逸恶劳、追求眼前利益以及投机取巧的观念。无论时代如何变迁，高校必须让大学生充分认识到唯有依靠自身的诚实劳动才能获取幸福，并走向成功。二是引导大学生敬畏劳动。诚如阿尔贝特·施韦泽所言，只有当人认为一切生命都是神圣的,包括人的生命和一切生物的生命都是神圣的时候,他才是伦理的。因此,当人将劳动视为自身的本质的时候,敬畏劳动实际上就意味着敬畏生命。故高校在遵循敬畏劳动者生命态度的同时,要大力弘扬艰苦奋斗、勤俭节约等优良传统,消除大学生"尊富弃贫"的思想,时刻教育大学生对他人的劳动成果必须怀有敬畏之心,对劳动者和劳动成果给予充分的爱惜与尊重。

(二)在崇尚劳动方面

崇尚劳动是对劳动的一种认识,即认为劳动分工无贵贱,劳动价值有大小,美好的生活是通过劳动得来的。世界上没有一种真正具有价值的东西,是可以不经过艰苦辛勤的劳动而得到的。崇尚劳动体现了一个时代、一个社会的劳动文化和文化水准,蕴含着对劳动的崇高性的高度认同和自我内化。从宏观层面来看,在科学信息技术高度发达的今天,我们必须清醒地认识到,劳动仍然是创造价值的根本来源。无论是生产劳动还是劳动外延的不断深化,均呈现出崇尚劳动的价值源泉。一个国家或一个民族无论站在何种历史方位,崇尚劳动始终是永恒的主题,也是推动国家发展、社会进步与家庭幸福的关键所在。进一步说,唯有通过劳动,国家才能兴旺,人民才能创造幸福而美好的生活;反之,如果不鼓励青年人从基层做起,而是任由他们一味地追求工作的"光鲜亮丽",忽视成功背后的汗水,就难以美梦成真。从微观层面来看,崇尚劳动就是要求大学生必须摒弃对体力劳动固有的偏见。高校需以马克思主义劳动理论、中国传统劳动观以及中国特色社会主义实践等视角对崇尚劳动的本质、价值以及意义等进行解读，防止大学生片面化与单一化地将劳动仅理解为生产中的体力劳动。高校要引导大学生在实践中挖掘劳动的乐趣，从观念上消除劳动高低贵贱与等级化的狭隘思想。此外，高校应该更加注重引导大学生牢固树立历史由人民创造的观念，崇尚任何形式的劳动都应受到平等的尊重，不管是从事体力劳动还是脑力劳动，也不论劳动付出量的大小，唯有崇尚劳动才能播种希望，收获成果。

（三）在热爱劳动方面

《左传》有云："民生在勤，勤则不匮。"热爱劳动是中华民族的优秀传统，绵延至今。然而，在历史上，劳动往往成为卑贱和劳累的代名词。辛苦劳动的奴隶被奴隶主看作"会说话的工具"。"劳心者治人，劳力者治于人"的传统观念在许多人的头脑里根深蒂固。虽然凡勃仑在分析劳动遭遇鄙视的原因时将劳动视为屈居下级的标志，是任何一个有身份、有地位的男子所不屑的，但事实上，劳动是最光荣的，只有劳动才能创造美好生活，爱劳动的人将永远焕发出美丽动人的光彩。这是因为，基于对劳动的热爱，劳动者充分发挥其聪明才干，提高其劳动效率，并在劳动过程中充分体会到劳动所带来的满足感与喜悦感，才能实现自我价值。反之，如果不能将劳动内化于心进行热爱，那么劳动则会异化为外在的枷锁，从而使劳动者无法充分获取劳动过程中受益终身的宝贵财富。高校要培养大学生热爱劳动的价值取向与真挚情感，明白劳动的真正意义与价值。高校要在遵循劳动教育现象、把握劳动教育规律的同时，注重劳动教育内容的时效性与系统性，科学地构建劳动实践体系，着力优化大学生的专业实习实训，并借助多元主体等各方力量，形成协同育人的劳动教育新格局。因此，高校劳动教育的内容体系中，要把热爱劳动的态度培养作为一项重要内容，在劳动教育过程中要让大学生锤炼品质、增长本领，用心去感受劳动所获得的快乐与幸福，使之产生对热爱劳动的真挚情感。

（四）导向的劳动价值观

任何教育活动都具有一定的价值目标，而这种价值目标在很大程度上规范着教育的价值内容，并反映一定的价值诉求，劳动教育也不例外。当今教育背景下，高校要积极引导大学生体验劳动、理解劳动的时代意蕴与本质，全面提升劳动素养，逐渐树立"四最"劳动价值观，倡导大学生以辛勤劳动、创新精神等参与到社会建设之中，使之在劳动实践中实现社会价值与个人理想，是全面加强劳动教育的重要任务与课题。

1.劳动最光荣

劳动价值观核心内容之一是要让大学生平等地看待各行各业的劳动者，学会懂得"劳动最光荣"。高校要积极引导大学生认识劳动者在价值创造中的主体地位。然而，随着现代文化娱乐与社交网络平台的兴起，部分大学生认为网络经济既赚钱较快，又不用过多体力劳动，于是存在轻视劳动者的个别现象，这种错误的思想观念亟待多元主体形成强大的育人合力，帮助大学生纠正这种错误的观点。因此，唯有劳动光荣的观念浸润心灵才能焕发新时代大学生的劳动精神，并让大学生以更大的热情投入社会劳动，从而实现更高的价值。

2. 劳动最崇高

劳动价值观核心内容之二是要让大学生弘扬与继承劳动精神，学会懂得"劳动最崇高"，崇高的劳动精神源于崇高的劳动者。当今涌现出诸多的大国工匠以及劳动模范等，他们用自身的行为诠释着何谓劳动精神。作为高校大学生，更要弘扬与继承劳动精神，无论做任何工作都要脚踏实地、勤奋努力，树立远大的理想，敢于担当其时代的重任。具体而言，大学生不仅要专注于自身的专业学习，不断地提升自身的理论与实践能力，认真对待工作与生活，更要有甘于奉献的精神品质。如当今的大学生多为"00后"，自我意识强烈，部分大学生只认识到要通过劳动促进个人发展，实现个人价值，但是忽视了评价人生价值的基本尺度是通过劳动为社会做出了多少贡献。此外，高校要加强大学生的劳动精神培养，让大学生深刻理解劳动的重要性，并以此作为引领大学生的价值取向，从而促进大学生全面发展。

3. 劳动最伟大

劳动价值观核心内容之三是要让高校大学生在大格局视野下认识劳动的本质，学会懂得"劳动最伟大"。马克思认为，劳动创造对社会的进步与发展起到了重要的推动作用。在新时代背景下，懂得劳动最伟大必须要让大学生明确认识两点：一是伟大事业是由劳动创造的。二是树立大学生正确的人生导向。高校要积极引导大学生形成正确的"梦想"，通过生动的劳动教育使大学生崇尚劳动模范，学习劳模精神，感受劳动者的伟大与崇高等，使劳动最伟大成为有力强音。

4.劳动最美丽

劳动价值观核心内容之四是要让高校大学生明白劳动过程是人们按照美的规律改变世界的过程，是最能体现审美精神与人的本质力量的活动，以此懂得"劳动最美丽"。中华民族是善于创造的民族，全体人民勠力同心建设中国特色社会主义现代化强国，不断开创历史新格局，释放创造潜能，在劳动中建成了今天美丽的国家。通过劳动教育让大学生树立"劳动最美丽"的劳动价值观，见证、感悟普通劳动者的美丽，明白"不劳动可耻、不劳动低劣、不劳动渺小、不劳动丑陋"的道理。

第二节 劳动知识

劳动知识的学习是高校劳动教育内容体系中的第二个维度，也是高校劳动教育实施开展的重要载体。当今对劳动教育提出了新的要求，加强高校大学生劳动知识学习，既是劳动教育的基础，也是培养大学生树立科学劳动观的主要依托。大学生通过劳动教育要获取的知识既包括与学生专业学习相关的劳动规范和技能知识，也包括与通用性劳动相关的知识，如劳动伦理、劳动法律法规以及劳动就业保障等方面的知识。通过相关劳动知识的学习，可以使高校大学生对专业知识的实践把握与现实理解不断加深，从而为未来的就业工作奠定坚实基础。由于高校中学科专业的不同，劳动教育知识的类型也不同；同时，获取劳动知识的途径也不同。因此，本节从高校劳动知识的类型和获取途径出发，指导高校开展劳动知识学习的相关工作。

一、劳动知识的类型

与中小学阶段不同，高等教育阶段的专业性更强，大学生毕业后距离劳动力市场更近。因此，高校劳动教育要进一步增强学生的专业应用能力和劳动创造能力，更加突出专业性劳动知识与通用性劳动知识的融合提升。

（一）要引导学生结合专业学好专业性劳动知识

一个人是否学专业知识，在从事某项具体工作时的技能水平和实际效果是有明显差异的，而是否能够通过反复实践操练，将所学知识转化为改造事物的专业技能，对专业知识学习效果同样有着重要的影响。当前，高校主要通过劳动规范、劳动技能等形式来组织大学生获取专业性劳动知识。具体而言，专业性劳动知识的教育主要是结合学生专业知识的学习和技能的训练而开展的劳动教育。劳动伴随人的一生是因为人的日常生活离不开劳动，人的专业工作离不开劳动。因此，在劳动知识技能培养中主要涉及日常劳动知识技能培养和专业劳动知识技能培养两个方面。

通过科学系统规范的日常生活劳动知识技能培训，一方面可以提高学生自己的生活质量，使其感受到科学劳动的魅力；另一方面，也能为学生专业劳动素养的提升发挥良好的基础铺垫作用。开展清晰的日常生活劳动知识教育并布置日常生活劳动实践作业，是提高学生日常劳动知识技能的必要手段。专业劳动知识技能培养需要更加注重学生的实际动手能力。扎实做好实习实训工作，加强协同育人体系构建对于提高学生的专业劳动技能十分必要。

（二）要引导学生掌握通用性劳动知识

通用性劳动知识就是在教育实践中通用性、迁移力较强，在专业社群中认同度较高的教育知识，是在教育知识体系中占据中心位置的教育观念理论、实践知识等的统称。当前，高校主要通过劳动伦理、劳动法律等形式来开展大学生通用性劳动知识。具体而言，一是劳动伦理。劳动伦理是大学生在劳动过程中表现出来的对劳动关系的稳定的心理特征和倾向，是责任意识和道德情操的反映，包括劳动责任意识、劳动主体意识、劳动风险防范意识、环保意识、劳动诚信意识等。劳动伦理教育不仅是提升大学生劳动价值认知的重要手段，也是对学生知、情、意训练的手段。高等教育不仅以劳动技能的学习为核心，更要以构建劳动认识、激发劳动情感、培育劳动品质为目标，体现了劳动教育的伦理要求。二是劳动法律法规。劳动法律法规教育是对高校大学生进行的与劳动相关的法律法规的教育，其中包括劳动法律法规的学习，保护自身劳动权益意识的培养等。高校大学生作为即将走向社会的劳动者,要通过对劳动法律法规的学习,不断提升自身劳动法律法规意识,懂得如何保护自身劳动权益。在遇到劳动责任事故、劳动纠纷案件、劳动违法事件时,高校大学生应通过劳动法律法规保护自己的合法劳动权益,更好地实现就业择业。对高校大学生进行劳动法律教育要以《劳动合同法》《中华人民共和国劳动法》《劳动争议调解仲裁法》等为主要学习内容,向学生介绍劳动合同对用人单位是如何规定的,以及用人单位规章制度的约束力要求,使大学生明确哪些情形适用于劳动合同法的规定,哪些情形不适用劳动合同法的规定。此外,还要说明劳动权益受到伤害时是如何保护自己权益的问题,要向学生介绍雇佣合同、劳动合同等的区别,介绍关于人身损害赔偿请求的注意事项和个人权益保护问题。在高校大学生劳动教育过程中,要高度重视劳动规范教育,这有利于高校大学生充分了解我国劳动法的基本精神和主要内容,做到依法劳动,并保护自己的合法劳动行为和劳动成果。

二、劳动知识的获取途径

高校要引导学生通过多种途径获取上文中提到的专业性劳动知识和通用性劳动知识。具体而言,大学生可以通过以下途径获取劳动知识。

(一)专题讲座

以劳动教育专题讲座作为高校大学生劳动教育思想交流与互动的重要载体,既能够为高校劳动教育提供持续性的动力,也有助于培养大学生形成尊重劳动、崇尚劳动、热爱劳动的积极态度。高校劳动教育专题讲座具有广泛性、丰富性与多元性等特征。在宏观层面,通过专题讲座可贯彻落实国家教育方针,围绕培养社会主义建设者和接班人的核心任务,落实劳动教育这一发展理念,使高校大学生成为担当社会主义建设的时代新人;在微观层面,通过专题讲座来培养大学生的实干精神,树立科学的劳动品格,加强对高校大学生的劳动教育,使大学生能够在潜移默化的过程中受到引导与教育,这是树立大学生正确劳动教育观念、培育劳动教育情怀以及鼓励大学生主动参与劳动实践的重要抓手。

(二)经典阅读

高校要引导学生回归劳动教育经典阅读,使学生了解马克思主义劳动观的基本内容,从马克思和恩格斯的经典著作中找到劳动教育的理论根据。具体而言,一是通过马克思主义基本原理概论课的教学过程注重将经典理论和原理解读结合起来,让学生对原理既知其然,又知其所以然,让学生领略马克思主义经典书目的理论深度和思维魅力,树立具有理论思维的系统劳动观念。二是阅读马克思关于劳动教育思想意蕴的经典书目来理解"劳动是价值的唯一源泉"、重视劳动者的主体地位和劳动的力量、劳动观植根于劳动群众以及生产劳动与教育相结合的相关内容等。马克思主义经典著作的思想意蕴为高校劳动教育提供了重要的理论依据,为进一步焕发高校大学生劳动热情、释放劳动创造潜能奠定理论基础。

（三）课程研习

课程是高校进行劳动教育的主要形式，通过设置劳动教育课程，可以让学生系统学习劳动理论知识、实践技能，培养学生的劳动观念、劳动精神与劳动意识等。当前，大部分高校依据国家政策相关文件，积极创造条件，开设劳动教育课程，丰富和完善课程体系，创新劳动教育内容和形式。具体而言，学校在劳动教育课程建设中要注重以下几点。一是重视课程内容质量，将劳动教育内容渗透于学科教学中。高校教师作为课程的主要实施者，不仅应做到充分了解与把握课程内容，还要做到以一种"润物细无声"的方式将劳动教育内容融入不同学科专业教学内容之中。如通过循序善诱的教育方法不断地将劳动创造历史、劳动创造世界、劳动创造人本身等劳动观念渗入思想道德修养与法律基础、马克思主义基本原理概论、中国近现代史纲要等思想理论课教学中，让学生树立正确的劳动观。二是劳动教育课程内容要体现时代性。随着我国教育高质量的发展，高校劳动教育课程内容应与时俱进，紧密结合中国国情，以此改进课程内容。信息技术、通用技术与劳动教育相结合，紧扣高阶能力的时代性。在创新成为时代要求的背景下，劳动教育课程内容应融入数字化、信息化元素，培养学生的高阶思维能力和社会情感能力。设置虚拟劳动教育实验室，丰富劳动教育的内容与环境，以虚拟性与高交互性的方式让学生体验各行各业的独特魅力。把数字世界与现实职业相结合的"虚拟劳动教育实验室"，能够拉近学生与不同职业、无条件体验的职业以及高科技职业之间的距离，增强学生对自己感兴趣职业的了解与感受。三是加强高校劳动教育课程实施的外部保障。劳动教育课程内容应与社会经济的发展相适应，在建立政府支持、校企合作以及校校共享等合作机制的基础上，促进高校劳动教育与创新创业教育深度融合，让大学生在创造性劳动中充分掌握劳动技能与劳动知识。

（四）主题活动

高校要充分利用主题活动这一有力抓手，开展劳动教育活动，旨在引导大学生养成劳动习惯、树立劳动观念、培养劳动精神，使之在劳动实践中去锻炼自身的意志品格，并将国家发展与个人奋斗同频共振，为实现教育高质量发展贡献出自己的青春力量。现阶段，开展高校大学生劳动教育主题活动的形式呈现多样化特征，主要体现在如下几个方面。一是以校训、校史等大学精神所蕴含的劳动文化元素为主题开展劳动教育主题活动，帮助大学生树立正确的劳动观念与劳动意识。校训是一所学校办学宗旨、教育理念和人文精神的高度凝练，是学校长期形成的校风、学风和教风的集中体现。要着重挖掘校训中爱岗敬业、勇于创新等内容，让学校开展劳动教育具有航标和灵魂。在校史方面，每所高校都有其鲜明的办学特色与办学历程。挖掘高校校史中有关奋斗拼搏、吃苦耐劳、迎难而上的典型人物和感人故事，并通过系列图书、图片、视频等方式呈现在学生面前，让他们深刻理解劳动成就梦想、劳动开创未来的道理。二是结合节假日、纪念日等开展劳动教育主题活动，打造一系列师生喜闻乐见的大学校园文化活动，让参与其中的师生感受到劳动的乐趣与魅力。目前，各高校纷纷结合我国重要节日开展与劳动教育相关的主题活动。如重庆某高校举办以"劳动最美爱国力行"为主题的演讲比赛，主题内容涉及自己参与返乡社会实践等志愿服务中对劳动的认识，对劳动者的敬意；从古人对劳动的崇尚，谈到当代大学生应提升劳动意识……他们用真挚的情感、感人至深的故事、饱含深情的演讲，讲述了当代大学生对劳动最真挚的理解和最崇高的敬意。此外，各高校纷纷设立"校园文化劳动月"，积极开展不同主题的劳动教育活动。例如，借助植树节、学雷锋纪念日、五一劳动节等开展形式多样的劳动主题活动，宣传新时代劳动价值观，使大学生在参与各个劳动主题活动的同时，能够积极主动地延续我国优良的劳动传统，形成积极的劳动精神。

第三节　劳动实践

《大中小学劳动教育指导纲要（试行）》指出，劳动教育的内容包括日常生活劳动、生产劳动和服务性劳动中的知识、技能与价值观。高校劳动教育具有极强的实践性，其教育内容应根据国家的相关要求，结合大学生的发展规律、认识程度以及身心发展情况等，充分发挥学校特色，利用社会资源，开展包括日常生活实践、生产实践和服务性实践性在内的劳动实践活动，形成多样化、协同化、系统化的劳动实践体系，让学生在劳动实践中体悟劳动的价值与意义，以切实解决高校劳动教育中有教育无劳动的问题。

一、日常生活劳动实践

恩格斯指出，劳动创造了人本身，并是整个人类生活的第一个基本条件。日常生活劳动作为创造人类社会劳动中最普遍的劳动类型，既是保障每个人存在的首要基础与前提条件，也是立足于劳动自立与自省意识的培养，并在不同生活模式下所形成的一种理想劳动状态。在日常生活劳动中，大学生应做到自觉劳动、珍惜劳动成果，时刻提升自我的生活能力，养成良好的劳动习惯，并能够有效地运用到生活实践中。然而，高校大学生正处于世界观、人生观和价值观形成的重要时期，生活阅历缺乏，基本生活技能欠缺，尚未完全形成对人生的深刻体验和感悟。劳动作为沟通主观与客观的中介，有助于大学生的道德素养获得全面成长。现在的大学生很多都是"不知稼穑之艰难，乃逸乃谚"，没有体验过农民的艰辛。只有亲自参与了日常生活劳动，才能深刻感受到生活的艰难，加深对劳动环节的认识，产生刻骨铭心的劳动印记。

具体而言，要充分发挥家庭和学校的协同作用。一是家庭要发挥在劳动教育中的基础性作用。注重抓住衣食住行等日常生活中的劳动实践机会，鼓励孩子自觉参与、自己动手，随时随地、坚持不懈进行劳动，掌握洗衣做饭等必要的家务劳动技能。学生参加家务劳动和掌握生活技能的情况要按年度记入学生综合素质档案。二是学校要发挥在劳动教育中的主导作用。健全劳动素养评价制度，引导大学生每天清扫寝室，及时分类清倒垃圾，经常保持室内通风；床铺被子叠放整齐，被单平铺整齐，书籍、洗漱用品等摆放整齐，衣帽用品挂放整齐，行李入柜存放整齐；垃圾放入指定的垃圾桶内，保持地面、墙面、门面干净整洁，无积尘、无污渍、无积水、无纸屑、无果壳等；勤洗澡、勤理发、勤换洗衣服，养成良好的个人卫生习惯等。将学生寝室卫生检查、个人生活卫生检查等劳动素养纳入学生综合素质评价体系，制定评价标准，全面客观记录学生日常生活劳动过程和结果，加强日常生活劳动技能和价值体认情况的考核。

二、生产劳动实践

生产劳动作为人类社会劳动的基本类型之一，具有鲜明的社会导向性。人类的生产劳动经历了从简单劳动到原始劳动，再到复杂性劳动和创造性劳动的过程，其发展历程既体现了人类社会发展史，也体现了人类通过劳动创造美好生活的追求。在一定的社会条件下，可根据劳动复杂程度将其分为简单生产劳动和复杂劳动。其中，简单生产劳动是指不用特殊训练，每个劳动者都能掌握的一般性劳动。引导大学生参与一定的简单生产劳动是大学生培养职业观念、增强社会责任感的重要环节，也是大学生积极融入社会的表现。生产劳动的实质是让学生在工农业生产过程中直接经历物质财富的创造性过程，体验从简单劳动、原始劳动向复杂劳动、创造性劳动的发展过程，从而使学生学会使用劳动工具，掌握相关技术，感受劳动创造价值，增强产品质量意识，体会平凡劳动中的伟大。可见，引导高校大学生积极参加生产劳动，是关涉劳动教育质量的关键因素。生产劳动已不是一般的生产劳动，更不是一种纯粹的生产劳动，而是一种具有教育性与学习性的劳动，并在高校专业化教师指导下，对专业学科进行理论与实践思考，从而带领学生进入生产劳动场所，开展体验、实验与验证的专业性劳动的生产过程。学生只有亲历实践过程，才能真正体悟真理，发现知识，明确操作技术等，从而提高生产劳动能力。因此，各高校要根据学校办学特色，积极对接行业、企业等社会性生产平台，借力专业化学习，加强生产劳动教育，为大学生生产劳动提供丰富的生产劳动空间。

具体而言，一是实现生产劳动与教育有机结合。生产劳动与教育的有机结合作为一种教育思想，不仅造就了时代特质之人，更是教育改革的必然趋势。高校培养大学生将所学的专业化理论知识与技能和未来的就业与发展相对接，从理论与实践结合的高度加强专业范围内的技能培训，使学生既有扎实的专业理论知识，又有相应的动手应用能力。例如，高校要创造条件，把有研究基础和兴趣的学生吸引到教师的课题研究中，让学生在参与具体的科研工作中增长知识，培养其不懈的奋斗精神；同时，充分利用社会实践活动、社团活动和志愿者服务等学生喜闻乐见的方式，让学生了解社会、增长才干，储备未来工作生活的基本技能。更重要的是，通过劳动教育，培养学生的自信心、责任心等思想品质。二是拓宽大学生参加生产劳动的主要内容。工农业生产活动是最朴素的生产劳动实践，能让大学生体会到劳动的快乐，并与劳动人民建立真挚的感情。然而，随着生产劳动形态的变化，生产劳动过程中的科学技术逐渐凸显。高校大学生生产劳动教育内容的选择，必须符合当下互联网科技与生产的时代发展，体现现代科学技术在生产劳动中的有效运用，注重新兴技术支撑和社会服务的新变化，认识现代科学技术在劳动中的强大生产力，从而树立创新意识与科学精神。三是高校要针对不同大学生的就业需求，积极给大学生提供就业实习平台，为大学生提供从事不同生产实践的机会，使之在生产劳动中逐步适应社会。如劳动教育与企业顶岗实习相结合，以劳动教育来优化顶岗实习内容，从而提高大学生的劳动素养与专业技能。

三、服务性劳动实践

服务性劳动是指劳动者运用自身所储备的知识与技能，结合一定的设备与工具向他人提供的一种帮助与服务。作为劳动实践活动的类型之一，与日常生活劳动所特有的自我倾向性不同的是，服务性劳动具有鲜明的社会导向性、利他性以及非功利性等特点。目前，随着我国现代化进程的不断发展，服务性行业的规模越来越大，公共服务越来越重要，大学生必须在奉献社会、服务他人等方面树立正确的价值观、人生观与世界观，在多样化的服务中担当社会责任。服务性劳动教育要培养劳动者爱岗敬业、甘于奉献的劳模精神，引导个体在帮助他人、服务集体中培养服务意识，通过参与不同类型的服务性岗位和公益性活动丰富服务技能、提升服务本领，在实践中提升社会责任感，培育良好的社会公德，共同推进社会主义和谐社会建设。可见，服务性劳动不仅可以塑造大学生正确的劳动意识，还可以培养当代大学生的社会责任感。以社会责任支撑劳动品德，让大学生在劳动过程中学习，并了解社会、锻炼体魄、增长专业知识与技能等，切实感受劳动的意义，引发对自身责任与肩负未来使命的思考。

基于上述认识，可以从以下两方面引导与强化高校大学生服务性劳动。一是积极开展志愿者活动。鼓励大学生参加社区、志愿者、爱心扶助等义务劳动，发挥所学的专业优势，如前往孤儿院、敬老院等地进行服务。再如，大学生积极参加"尊老、爱老、敬老、助老"献爱心活动，帮助敬老院、空巢老人等打扫卫生、清洗衣物，替老人购买日常生活用品，陪老人拉家常、谈心等。通过这些服务性劳动让大学生充分体会到劳动的意义与价值，帮助大学生提升劳动素养，树立正确的劳动价值观。二是积极开展公益性活动。定期安排大学生参加农业生产、工业体验、商业和服务业实习等义务劳动实践，利用劳动教育实践基地、综合实践基地和其他社会资源，与研学旅行、团队日活动和社会实践活动等相结合，培养大学生的活动组织能力和奉献精神。鼓励大学生协助绿化养护人员对校园绿化带内杂草进行清理，了解绿化和花卉的养护知识，掌握简单的花卉养护、浇水、施肥、修剪等技能；协助会务人员做好校内各种会议、会场的宣传布置工作，了解宣传栏、横幅等的设计、排版、制作、摆放等知识；积极参加社会组织、学校、学院举办的各种公益活动，服从组织领导，做好本职工作等。

第四节　劳动技能

当前，在世界新一轮科技革命与我国产业转型升级的历史交汇之际，我国工业制造业进入 4.0 时代，频频涌现出的新技术、新产品、新业态以及新模式使生产劳动中被智能机器人取代的简单技能岗位逐渐减少。这对劳动者的技能提出了更高要求，也给培养技术技能型人才的高等教育提出了新的发展目标。可见，劳动技能的培养是高校劳动教育的重要内容，高校劳动教育既要通过系统的学习引导大学生掌握专业的劳动知识，奠定扎实的理论基础，又要加强专业化的劳动技能训练，使学生将理论知识转化为实际操作的技能，从而提升大学生的专业素质与实践能力。

一、专业性劳动技能

专业性劳动技能是大学生基于专业理论知识、技术水平以及综合运用能力等所形成的职业实践能力，这些能力是以通往未来就业与职业岗位为导向的，是高校大学生劳动技能提升的关键。对社会而言，掌握好专业性劳动技能的社会人才是满足中国特色社会主义事业不断进步与发展的需要。对高校大学生而言，掌握必要的专业性劳动技能是立足于社会生存的首要条件，更是高校劳动教育的着力点。

（一）在前期阶段，要让大学生夯实系统化的理论与方法

专业性劳动技能离不开专业理论与专业方法的传授，需要通过专业知识的积淀与学习才能形成。换句话说，专业性劳动技能对专业理论与专业方法的依赖不是被动的，而是一种主动应用的延展。一个人是否学过相关专业知识，在从事某项具体工作的技能水平和实际效果方面是有明显差异的，而是否能够通过反复实践操练，将所学知识转化为改造事物的专业技能，对专业知识学习效果同样有重要影响。因此，充分运用劳动理论或专业方法进行劳动技能的教育是尤为重要的，既要考虑到我国目前科学技术、社会生产与社会条件发展的现实需求，更要考虑到大学生毕业后与市场需求对接的程度，以此统筹安排高校劳动技能相关的专业知识教育。在专业理论方面，自然科学知识可以为劳动技能的培训提供科学原理，高校劳动技能首先要以系统化、科学化的劳动知识为基础。在专业理论教学中，高校要引导学生注重对专业基本理论的研读，让学生在脑海中构建起基本的专业理论体系。如工科学生通过对电气知识、机械知识、企业生产知识等理论知识的研读，可以逐步形成专业基础素养，为日后劳动技能与相关理论知识的结合奠定基础。在专业方法方面，高等教育阶段培养的高素质劳动者，主要是以方法论为重。大学生要尽快转变对专业学习的认知观念，尤其在专业技能学习过程中，不仅要熟悉理论知识从假设到推演逻辑再到得出结论的整体认知，随时关注与跟踪

专业发展的前沿动态，更新专业知识，还要注重对实操过程中所存在的问题、操作流程以及注意事项进行学习，灵活掌握与运用劳动技能的专业方法。

（二）在实施阶段，高校要构建科学化的劳动技能教育

一是高校要强化校内专业实习实训环节，融"教、学、做"于一体，培养大学生的专业技术能力。为有效适应劳动新形态的发展，传统专业实训要在互联网信息技术、仿真模拟技术等方面进行全面升级，以满足大学生对服务体验、专业实操的专业性实践需求，为大学生的专业技能发展赋能。例如，物流专业可以运用三维动画技术，对整个物流活动进行模拟。如果要了解仓库管理运营，当软件运行后，学生就可以看到仿真的整个仓库及货物情况，这时候学生就可以根据模拟的任务单，进行货物的入库、分拣、包装等实操工作。二是深度挖掘多方资源优势，开展专业实训项目。高校要加强校企合作，组成专业的项目团队，根据项目学习要求，分析规划项目的目标定位、研究方向、细分职责、素材需求、劳动工具、劳动知识理论与劳动技能等明细列表，最终通过实训项目落实培训效果，巩固劳动技能与方法。比如，食品生产相关专业可以与校外的蛋糕店合作，组织蛋糕烘焙项目技能实训小组，由蛋糕店师傅领衔，学习设计新的蛋糕样式，并根据蛋糕制作流程要求，实际参与制作过程。在蛋糕制作过程中，能进一步巩固理论知识学习，并详细了解劳动注意事项与操作要求，提高实际劳动能力与技术水平。

（三）在后期阶段，高校要将技能训练纳入劳动教育评价体系

高等教育阶段开展劳动教育时，需构建一套系统完善的评价体系，不断推进劳动教育的有序开展。通过对大学生进行评价与激励的方式来推进技能训练纳入高校劳动教育评价体系，可以提升大学生参与劳动的积极性，增强劳动教育的实际效果。具体而言，可以对大学生在劳动技能训练中的成果与表现进行全方位的考核评价，通过设置劳动技能的内在与外在的两项指标体系，予以打分。其中，以劳动态度、职业精神与善于劳动等作为内在指标，以劳动技能的理论知识的掌握、劳动实训过程中生产技能的熟练程度、理论与实践相结合的运用程度以及劳动技能训练的实效等作为外在指标，以此形成全面化的劳动专业技能评价体系。劳动技能评价结果应成为大学生全面发展的重要指标，高校应将其作为评优评先等工作的主要参考依据。

二、综合性劳动技能

随着我国社会经济发展水平的不断提升，对技术技能型人才的要求越来越高，而加强专业性劳动教育、提升劳动精神与素养等，正是培养综合性劳动技能的基础性条件。综合性劳动技能的培养应成为高校劳动教育的内容之一，这是满足大学生生存和发展所需的基本劳动能力，也是让大学生动手实践、应用和掌握相关技术、感受劳动创造价值、形成社会责任感的基础能力。

（一）高校要提升大学生的综合性劳动技能素养

综合性劳动技能素养是大学生在劳动实践中形成的一种综合素质，对高等教育技术技能型的人才培养有着深刻且直接的影响。劳动实践活动场域发生了新的变化，并赋予劳动价值观新的内涵，高校唯有培养大学生正向积极的综合性劳动价值观，劳动过程中形成的情绪情感、自我概念、动机、品质、人际互动能力、行为习惯等，才能有效转化为综合性技术技能型人才进行设计、构想、革新与转化的价值动力。这是因为，综合性劳动技能素养的培养对大学生的成长成才具有极其重要的作用，培养大学生的综合性劳动技能成为高校的重要内容。其重要性具体体现在以下几个方面。

1.综合性劳动技能对大学生道德的培养具有重要作用

以高校机械加工技术专业为例，高校教师依据教学目的，让大学生在一定程度上了解与掌握机械加工的研究对象、工艺过程、相关概念后，通过相关短视频和图片，让大学生能够充分了解我国以及国际社会上机械制造业的趋势与现状等，让大学生深刻感受到我国机械制造业的先进与辉煌，从而激发大学生的民族自豪感，增强其专业和课程学习的积极性。

2.综合性劳动技能对大学生智力的培养具有重要作用

从本质上讲，高校综合性劳动技能的培养是一项实践活动，其教学在很大程度上是促进大学生动手能力与动脑能力的结合。以高校艺术专业为例，结合校园文化与专业特色，开展劳动文化节，举办综合性劳动活动，如设计、绘画、剪纸等。在劳动实践环节中，大学生的思维能力会更加清晰，其想象力、创造力以及思维力等也会伴随着技术的提高而得到相应程度的提升。

3. 综合性劳动技能对大学生眼界的开阔具有重要作用

高校大学生综合性劳动技能的培养能增强大学生的见识与阅历，让高校劳动教育更加具有深度与广度。以高校信息型专业为例，高校引导大学生通过互联网信息技术开阔自身的眼界，充分认识到信息技术过程中存在的价值与作用。在劳动实践过程中，运用相关信息技术（如 C 语言、VR 技术、AI 编程以及 Powerpoinl 等）与技能型劳动相结合，以此来改变传统的劳动教育教学模式，为大学生提供更多自主实践、自主探索和多元化学习的机会。

4. 综合性劳动技能对大学生创新能力的培养具有重要作用

高校大学生综合性劳动技能的掌握，其本质上就是拥有良好的创新意识、创新能力以及实践能力等，从而激发大学生的想象力与创新力。以高校物理、化学专业为例，培养高校大学生对物理、化学的实践操作，有助于大学生在该专业中了解不同客观事物之间的规律反应与必然联系，让大学生明白每一种客观事物的反应均要受一定条件的制约，从而在一定水平的制约下进行创新。

（二）高校要提供综合性劳动技能考证的培训平台

综合性劳动技能包括单向综合劳动技能和职业综合性劳动技能两类，

分别以学生获得相应的技能证书为标准。当前，单向综合性劳动技能证书包括普通话等级证书、外语等级证书、计算机等级证书、汽车驾驶证以及游泳等级标准等；职业综合性劳动技能证书包括各类职业资格证书，如导游资格证书、律师资格证书、教师资格证书、心理咨询师证书、茶艺师资格证书以及景观设计师资格证书等。那么，如何帮助高校大学生获取综合性劳动技能资格证书是高校必须重视的事情。高校要探索知识基础、实践能力与人文素养融合发展的人才培养模式，根据社会对人才的发展需求，制定科学的、切实可行的人才培养方案。以提升职业素质和职业技能为核心，优化学科专业结构，在允许高等院校扩大学科专业设置自主权的条件下，专业设置要与服务地方经济发展为前提，以就业为导向，设置课程要与职业资格考试的科目相匹配。

第五节　创造性劳动

创造性劳动是在原有劳动知识与思维、劳动方法与内容等方面进行不断的创新与突破，以此形成高效的劳动效率与超值的社会财富。聚焦教育场域，高校要引导大学生通过社会实践、实习实训等渠道，了解社会经济发展向他们提出解决新问题、创造新事物的要求，并将此要求不断内化于创造新事物的愿望，及时掌握现代劳动技能与科学知识，使学生实现从重复性劳动向创造性劳动的跨越式发展。

一、加强大学生创新性思维培养

创造性劳动实践活动是将脑力劳动与体力劳动有机结合,把创新性思维与劳动实践活动融为一体,寻找劳动实践活动中的创新元素,从而激发大学生在劳动创造中的探索精神、创造性思维和批判性思维。对高校而言,要培养学生的创造性劳动能力,首先要加强学生的创新性思维培养,重点从创造性思维和批判性思维入手,开展创新性劳动教育活动。

(一)要将创造性思维培养融入劳动实践活动之中

创造性思维不同于常规思维,是人类认知新领域、开创新成果的思维互动,具有独创性、非逻辑性以及灵活性等特点。"创造"一词在《现代汉语词典》中的解释是,想出新方法,建立新理论,做出新的成绩或成果,是创造性劳动最直观的评估标准。根据马克思主义思维与存在、理论与实践的辩证统一关系,在影响创造性劳动能力的各种素养中,创造性思维扮演着重要的角色。只有劳动者具备了基本的创造性思维,才有可能在劳动实践中不断提高自己的创造性能力,产生更新颖、更有影响力的创造性劳动成果;反过来,创造性实践过程又会进一步强化劳动者的创造性思维,不断改善劳动者的创造性思维品质,继而形成良性循环的上升过程。因而,在一定意义上可以说,创造性思维是实现创造性劳动的核心要素。

(二)将批判性思维培养融入劳动实践活动之中

所谓批判性思维,就是人们综合运用形式逻辑、非形式逻辑以及其他相关技能，对观点、判断、命题、论证、方案等一阶思维进行再思维的工具，其目标是要追求论证的逻辑明晰性和证据材料的可靠性，使人的观念和行为都建立在理性慎思的基础之上，帮助人们做出可靠的决策判断。批判性思维强调重视理性的地位，要求思考者倾向于进行理性评价，并将自己的信念和行动都建立在理性评价的基础上，而其中最重要的就是恰当地使用理性进行质疑的能力。在此意义上，批判性思维是创新人才的首要思维范式。批判性思维对理论创新而言具有重要价值，更重要的是，对于创造性劳动能力的提升、高层次创造性劳动人才的培养与识别而言，批判性思维训练还具有重要的实践价值。教师要善于把劳动实践与社会现实以及学生的生活实际、思想实际结合起来，针对教学内容设计若干探索性学习研究课题，通过设置富有启发性、引导性的真实、有意义的问题和难题让学生解答；设置有多种解法的问题让学生思辨，设置一些问题答案让学生去争辩或阐释，设置一些问题让学生去联想或进行再创造等以训练批判性思维。

二、加强大学生创新创业能力培养

随着人工智能、大数据信息系统等新兴技术不断地影响着人们的生活，劳动形态也随之不断变革，创造性劳动正在成为高校劳动教育的重要特征。全社会都要重视和支持青年创新创业，提供更有利的条件，搭建更广阔的舞台，让广大青年在创新创业中焕发出更加夺目的青春光彩。由此可见，创新创业教育已成为我国高校创造性劳动实践活动的重要载体。高校注重围绕创新创业教育开展劳动实践活动，就是要引导大学生在劳动实践活动中创造性地去解决问题，深刻认识与理解创造性劳动的本质，进而促进大学生德智体美劳全面发展。具体而言，就是要鼓励学生积极参加各种创新实践活动，帮助大学生理论联系实际，培养大学生的创新创业能力。

一是引导学生积极参加各种国际比赛、竞赛活动，如奥运会、亚运会、世锦赛、艾景奖国际园林景观规划设计大赛等。

二是鼓励学生在综合性的创新创业大赛中尝试新方法、探索新技术、解决新问题，如"互联网+"大学生创新创业大赛、"挑战杯"中国大学生创业计划竞赛、国家级大学生创新创业训练计划项目等，培养学生的创新精神和实践能力。

三是引导学生积极参加由教育部等部委主办的各类大学生学科竞赛，如全国艺术体操锦标赛、大学生数学建模大赛、大学生电子设计竞赛、大学生机械设计大赛、计算机仿真大赛、大学生结构设计竞赛、工程训练中心综合能力竞赛、"挑战杯"全国大学生课外学术科技作品竞赛等。

四是引导学生积极参加由教育厅（教委）主办的各类竞赛，如物理实验创新设计大赛、"飞思卡尔"智能车大赛、化学实验技能竞赛、生物实验技能大赛、土木工程专业结构力学竞赛、美术与设计大展、师范生教学技能大赛等。

五是引导学生积极参加由全国性学会（协会）主办的各类竞赛，如全国大学生数学竞赛、全国软件专业人才设计与开发大赛、大学生网络商务大赛、先进图形技能大赛、全国大学生英语竞赛、中国大学生原创动漫大赛等。

第四章 劳动教育体系的构建

全面构建体现时代特征的劳动教育体系，意味着让学生接受扎实有效的劳动教育，落实立德树人的根本任务，把劳动教育纳入人才培养全过程，贯通大中小学各学段，贯穿家庭、学校、社会各方面，与德育、智育、体育、美育相结合，把握育人导向，遵循教育规律，创新体制机制，注重教育实效，实现知行合一，促进学生形成正确的世界观、人生观、价值观。

第一节 理解劳动教育基本内涵

劳动教育是一个动态、发展的概念，其内涵随着时代的变化而不断丰富、发展和完善。至今社会各界对劳动教育的内涵在一定程度上仍存在着误解。在学校和家庭教育中，劳动常常被窄化为参与简单的体力劳动，致使劳动教育成为与脑力劳动、日常学习无关的活动，被认为是学生的额外负担，劳动教育的价值没有得到彰显。劳动教育有时还被等同于技艺学习、娱乐活动、惩罚手段。这些现状都与对劳动教育的内涵缺乏深度解读相关。要全面构建体现时代特征的劳动教育体系，首先要深刻理解劳动教育的基本内涵。

一、劳动教育是国民教育体系的重要内容

马克思主义劳动观认为,劳动创造世界、劳动创造历史、劳动创造人本身,劳动是人类的本质特征和存在方式,是实现人的全面发展的重要途径,劳动在人类文明进步和社会发展中发挥了重要作用;马克思主义政治经济学则强调劳动价值理论,倡导按劳分配等社会主义经济原则;在马克思主义的教育思想中,培养在体力、脑力上全面发展的人以及"教育与生产劳动相结合"等,一直是社会主义教育实践的重要指针。可以说,劳动教育是社会主义建设事业的需要,对劳动教育的强调是社会主义教育的根本特征之一。然而,随着市场经济体制的建立,工业化和城市化进程的不断推进,社会对劳动的认识也在逐步发生改变。当前一些青少年不珍惜劳动成果、不想劳动、不会劳动,劳动教育正在被软化、弱化。基于此,必须明确新时代劳动教育是中国特色社会主义教育制度的重要内容,是我国国民教育体系不可缺少的一部分,是学生成长的必要途径。

《教育大辞典》从劳动教育的内容和劳动素养出发,将劳动教育定义为"劳动、生产、技术和劳动素养方面的教育,旨在培养学生正确的劳动观点、劳动态度、劳动习惯,使学生获得工农业生产基本知识和技能"。学者檀传宝也从劳动素养方面界定劳动教育,认为劳动教育是以提升学生劳动素养的方式促进学生全面发展的教育活动,并指出良好的劳动素养包括确立正确的劳动观点、积极的劳动态度、热爱劳动和劳动人民、形成劳动习惯、拥有一定的劳动知识与技能、有能力开展创造性劳动等。

可见，在养成良好劳动素养方面，劳动教育特别强调：其一，促进学生具备一定的劳动知识与技能，成为全面发展的人；其二，发展学习者创造性劳动的潜质，成为当代所需要的创造性劳动者；其三，形成良好的劳动习惯，成为"流自己的汗、吃自己的饭"的有尊严、有教养的现代公民。

高等教育培养的是适应生产、建设、管理、服务等各行业需要的高素质人才，尤其需要吃苦耐劳、艰苦奋斗精神。在社会价值观多元化的背景下，个别大学生好逸恶劳、拈轻怕重，毕业后频繁跳槽，其劳动意识、劳动态度以及劳动精神等方面都出现了一定的问题，急需补上劳动教育这块短板。劳动教育是培养和提高大学生劳动素质和职业能力的重要途径，有助于培养正确的劳动观、价值观、成才观，对高等院校的育人工作有着重要意义。在高等院校重视劳动教育，重构"德智体美劳"的教育体系，既是落实教育为人民服务、培养社会主义劳动者的政治需要，又是培养大国工匠、助推产业结构转型升级的经济需要，更是调整教育结构和提高教育质量的需要。

二、劳动教育具有综合育人价值

新时代劳动教育立足于人的整体性，融合多学科知识，对人、社会和自然进行整合，将理论知识有机融入现实社会，对学生健全人格发展起着重要作用，具有树德、增智、强体、育美的综合育人价值，全社会必须高度重视，坚持立德树人，把劳动教育贯穿于人才培养的全过程。

（一）劳动能"树德"

品德修养是一个人的立身之本、成才之要。马克思在《政治经济学批判》中指出，"在再生产的行为本身中……生产者也改变着，练出新的品质，通过生产而发展和改造着自身，造成新的力量和新的观念，造成新的交往方式、新的需要和新的语言"。劳动教育的核心是培养劳动价值观、劳动情感态度和劳动伦理品德，与道德教育有着天然的密切联系，还曾一度被作为德育的重要内容。青少年阶段是人生的拔节孕穗期，需要精心引导和栽培，尤需以劳树德，扣好人生的第一粒扣子。把劳动教育纳入人才培养全过程，注重培养大学生勤俭、奋斗、创新、奉献的劳动精神，引导大学生树立正确的劳动观，崇尚劳动、尊重劳动，增强对劳动人民的感情，报效国家，奉献社会。劳动本身就是一种美德，要引导学生深刻理解"幸福是奋斗出来的"，认识到唯有通过辛勤劳动才能实现人世间的美好梦想，从而更加坚定为中华民族伟大复兴而奋斗的理想信念；要引导学生积极践行社会主义核心价值观，主动参加志愿服务，勇于担当时代责任，不断增强社会责任感和公益心，大力弘扬社会文明新风；要引导学生更加珍惜劳动成果，明白"成由勤俭败由奢"的道理，牢固树立节约光荣、浪费可耻的思想观念；要引导学生懂得"天下大事，必作于细"，成就事业必须脚踏实地，把劳动当作锻炼自己难得的机遇，用不懈劳动创造出彩人生、为民族复兴赋能。

（二）劳动能"增智"

劳动作为一种创造性活动，是一切知识的源泉。无论是体力劳动还是脑力劳动，要想熟练掌握一项劳动技能，必须手脑并用。大脑指挥手做出各种各样的动作，劳动过程中的不断试错和纠错，又促进了大脑的思考。劳动还能将学生在课本上学到的知识用于实践，学以致用，解决生活问题。在这样的劳动过程中，学生对书本的知识会理解得更深、记得更牢，既训练了实践技能，又促进了智力的不断发展。

劳动的形态已发生了重大变化，不仅是传统的简单劳动，还包括新兴、复杂的创造性劳动，特别是以人工智能、大数据、云计算、区块链等为代表的科学技术日新月异，各种新事物、新知识、新技术层出不穷，为劳动注入新的内涵。劳动教育的实施应与时代发展同向同行、同频共振，应注意手脑并用、安全适度，强化实践体验，让学生亲历劳动过程，注重培养学生的科学精神，引导学生在干中学、在学中干，善于发现问题，勇于探索新知，提高创造性劳动能力，实现智慧劳动、创造劳动，提升育人实效性。

（三）劳动能"强体"

从人的身体生长发育规律来看，青少年时期是生长发育的关键期，这一时期身体的发育状况直接关乎其将来的生命质量。少年强、青年强是多方面的，既包括思想品德、学习成绩、创新能力、动手能力，也包括身体健康、体魄强壮、体育精神。劳动不是一种简单的体力或脑力活动，而是一种有效的教育手段、科学的健体方式。特别值得一提的是，适当的体力劳动能够促使人的肌体充满活力，改善血液循环，促进新陈代谢，优化生理机能，磨炼意志耐力，对促进青少年身体发育、培养健康体魄、实现全面发展具有十分重要的作用。

实施劳动教育的重点是让学生动手实践、出力流汗、接受锻炼、磨炼意志。这突出强调了劳动教育要以课堂之外的体力劳动为主，符合青年学生身心的成长规律和教育规律，有助于学生强身健体、吃苦耐劳、注重协作，为其全面发展、健康工作、幸福生活打下坚实基础。

（四）劳动能"育美"

审美是人类重要的精神活动，人类发展史既是一部自然进化的历史，也是一部在文明发展中不断自我教育的历史。马克思在《1844年经济学哲学手稿》中提出"劳动创造了美"的观点，科学地揭示了美的根源在于劳动，反映了劳动之美具有合规律性与合目的性的有机统一。劳动不仅是个体谋生的基本手段，更是通往自由王国的必由之路，一切幸福都源于劳动价值的美丽绽放。幸福不会从天而降，美好生活靠劳动创造。当前，一些青年学生的价值观、幸福观、审美观可能出现了偏差，有的人不懂劳动、不愿劳动、不会劳动，甚至幻想不劳而获、少劳多得、一劳永逸。美是培育道德精神的重要源泉，对塑造美好心灵具有重要作用。劳动既具有传授知识技能的教育功能，又具有创造美好的价值功能，注重追求人的自我实现和全面发展。实施劳动教育，可以有效发挥青年学生的主观能动性，深入挖掘学生的创新创造潜能，使学生在致力创造美好的过程中，体验劳动愉悦、收获劳动成果，从而实现自我完善与自我提高，不断增强创造美和欣赏美的能力。构建大中小学各学段上下贯通，普通教育、职业教育与高等教育有机衔接，家庭、学校、社会各方面相互作用的劳动教育体系，引导不同层次、不同阶段、不同类型学生在劳动中循序渐进地培养审美观念、丰富审美体验、提升审美能力，深刻认识和理解劳动之美，真正懂得"劳动最光荣、劳动最崇高、劳动最伟大、劳动最美丽"的道理，主动追求更有高度、更有境界、更有品位的美好人生，应是新时代劳动教育的应有之义。

三、教育与劳动相结合，确立了劳动教育的独立学科地位

劳动不仅创造了历史，还成就了教育。教育与劳动相结合是马克思主义教育的基本思想。苏联教育家苏霍姆林斯基认为，"离开劳动，不可能有真正的教育"。列宁指出："没有年轻一代的教育和生产劳动的结合，未来社会的理想是不能想象的；无论是脱离生产劳动的教学和教育，或是没有同时进行教学和教育的生产劳动，都不能达到现代技术水平和科学知识现状所要求的高度。"无论时空如何变化，时代如何发展，劳动促进人全面发展的作用都不会发生改变。

依据马克思主义劳动观，劳动分为生产劳动和非生产劳动，相应的劳动教育可分为生产劳动教育和非生产劳动教育。鉴于劳动教育内容的针对性和可行性，非生产劳动教育分为日常生活劳动教育和服务性劳动教

育，前者注重在学生个人生活自理中强化劳动自立意识，体验持家之道，这也是学生健康发展、适应社会生活的重要基础；后者具有较强的时代特点，注重利用知识、技能、工具、设备等为他人和社会提供服务，特别是在公益劳动、志愿服务中强化社会责任，培养良好的社会公德。

随着时代的发展，劳动的构成更加复杂多元，现代化、信息化、智能化的劳动内容不断增加。高等院校实施劳动教育应针对高等院校学生的特点，根据人才培养目标，重点在系统的文化知识学习之外有目的、有计划地组织大学生参加日常生活劳动、生产劳动和服务性劳动，让大学生动手实践、出力流汗，接受锻炼、磨炼意志，培养大学生正确的劳动价值观和良好的劳动品质，实现知行合一，获得身心全面发展。这实际上确立了劳动教育的独立学科地位，将劳动教育与智育区别开，强调劳动教育不同于系统的文化知识学习，或者说不能用系统的文化知识学习代替劳动教育。因此，可以说劳动教育具有自己独立的教育体系。

第二节　明确劳动教育总体目标

教育方针从"德智体美"调整为"德智体美劳"，要求五育并举、协同育人，充分体现了党和国家对劳动教育的高度重视和引导学生崇尚劳动、尊重劳动的目标导向。新时代的劳动教育，主要针对一些大学生中出现的不珍惜劳动成果、不想劳动、不会劳动的现象，从思想认识、情感态度、能力习惯三个方面明确了总体目标，即通过劳动教育，使学生能够理解和形成马克思主义劳动观，牢固树立劳动最光荣、劳动最崇高、劳动最伟大、劳动最美丽的观念。体会劳动创造美好生活，劳动不分贵贱，热爱劳动，尊重普通劳动者，培养勤俭、奋斗、创新、奉献的劳动精神；具备满足生存发展需要的基本劳动能力，形成良好的劳动习惯。这一总体目标，突出强调了劳动教育的思想性，体现了劳动的知情意行各个要素的辩证有机统一，为在人才培养全过程中切实加强推进劳动教育、提升教育实效，指明了正确方向与科学路径。

一、全面构建劳动认知体系，突出劳动教育的思想性

（一）系统掌握马克思主义劳动观的基本原理

马克思主义劳动观的基本内容包括：劳动是人类的本质活动，劳动创造了人，劳动交往推动了人类社会和人类历史的形成与发展，劳动是价值创造的源泉，劳动对人自身解放的意义与作用。这些内容为学生构建科学的劳动知识体系夯实了理论基础。

（二）树立正确的劳动价值观

引导学生对劳动在个人人生目标中的作用和意义做出正确的价值判断，牢固树立劳动最光荣、劳动最崇高、劳动最伟大、劳动最美丽的观念。要以辛勤劳动为荣，以好逸恶劳为耻，形成正确的劳动伦理道德观。

（三）加强劳动法律教育

劳动是全体公民的权利和义务，指导学生学习《中华人民共和国宪法》

和《中华人民共和国劳动法》中关于公民劳动、合法劳动、维护劳动者合法权益以及公民依法履行劳动义务等相关规定，树立法治观念，增强法律意识。

二、培养高尚的劳动情感，形成对劳动的情感认同

劳动情感是对劳动是否满足自身需求而产生的态度体验，具体表现为对劳动是热爱还是厌恶的情感倾向。培育高尚的劳动情感是新时代劳动教育总体目标的关键内容，要帮助学生树立崇尚劳动、尊重劳动、热爱劳动的劳动态度，让他们懂得"一切劳动，无论是体力劳动还是脑力劳动，都值得尊重和鼓励；一切创造，无论是个人创造还是集体创造，也都值得尊重和鼓励"。只有产生与马克思主义劳动观相一致的积极的劳动情感，学生才能在真正意义上理解劳动没有高低贵贱之分，日后走上社会工作岗位才能干一行、爱一行、钻一行。

情感认同是以情感所特有的方式来实现对价值观的认可与接受，对劳动的情感认同是建立在情感体验基础之上的，即日常生活场景下对劳动价值观的直观感受与体验。要遵循情感教育规律，通过在全社会营造劳动光荣、创造伟大、切实尊重与保障劳动者权益的社会氛围以及对劳动模范的先进事迹和进取精神进行大力宣传，从而能够运用情感的增力作用提高自身的实践劳动能力，更好地发挥劳动的积极性、主动性和创造性。当发生负面事件时，要善于调节学生的消极劳动情绪，做好这些消极劳动情感的转化和升华工作，努力去除消极情感的减力作用，将学生的消

极情感转化为积极劳动的行为动力。高级情感的充分发展依托于多彩的实际生活场景，培养健康的劳动情感，增强情感认同，必须使学生尽可能丰富自身健康的劳动生活内容，在感受生活意义的同时增强对劳动的情感体验。

三、培育优秀的劳动意志品质，充分发挥劳动意志品质的调控作用

意志品质是人在克服困难、实现特定目标的过程中表现出来的品性和素质，劳动意志品质主要体现为从事劳动行为时的自觉性、劳动过程中遇到困难时的坚持性、劳动选择时的果敢性以及受到诱惑时所表现出的自制性。劳动行为本质上就是一种意志行动，当前部分学生中出现的劳动"知行分离"现象，其关键原因就在于缺乏上述排除内外障碍以努力实现社会劳动要求的坚强的意志品质。劳动意志品质的调控作用贯穿于人对劳动的认知、情感与行为过程，劳动意志坚定，才可能有深入持久的劳动认知过程，才可能对劳动产生火热的情感，才可能形成良好的劳动行为习惯。

顽强的意志行动来源于伟大的目标与科学的世界观，马克思主义劳动观与人生理想可为培养学生良好的劳动意志品质提供坚定正确的方向指引；充分发挥劳动情感的助力功能，可激发学生热爱劳动、自觉自愿从事劳动实践的热情，从而在日常生活实践中锤炼劳动意志品质。

四、掌握劳动技能，形成良好的劳动行为习惯

必要的知识与技能是实际行为具有科学性的保证。无论是体力劳动还是脑力劳动，都有其自身的规律性，学校、家庭、社会要形成协同育人格局，通过设置各个层次的劳动教育课程体系和日常化、规范化、多样化的劳动教育形式，让学生熟练掌握基本的劳动操作技术，具备实践动手能力，让他们"能劳动，会劳动"。

实践育人，劳动精神与劳动习惯的养成离不开劳动实践的锤炼。要努力拓展劳动实践渠道，有目的、有计划地组织学生参加生活生产劳动、服务性劳动与创新性劳动，让学生在出力流汗和辛勤创造中掌握劳动技能，提高劳动素养。劳动是一种辛苦的付出，劳动体验的过程有利于学生端正劳动态度，增强劳动责任意识，理解与尊重他人的劳动成果，而学生在体验劳动成果带来的获得感的同时，更能充分认识劳动的价值与意义，良好的行为习惯也得以形成与固化。

第三节　设置劳动教育课程体系

设置劳动教育课程体系是全面构建体现时代特征劳动教育体系的一项重要内容。为使劳动教育落实落地，应以课程为抓手，整体优化劳动教育课程设置，设立劳动教育必修课和劳动周，保证必要的劳动实践时间，同时强调其他课程有机融入劳动教育的内容和要求；积极推进劳动教育

课程改革，全面搭建劳动教育的平台，形成培养学生劳动意识、劳动习惯和劳动技能的多维阵地。

一、整体优化劳动教育课程设置

整体优化学校课程设置，高等院校应将劳动教育纳入人才培养方案，形成具有综合性、实践性、开放性、针对性的劳动教育课程体系。其中，劳动教育课程设计是重要一环，应注重学生核心素养的培养。具体来说，劳动教育课程设计应当包括劳动意识、劳动习惯、劳动素养、劳动技能、劳动成果等要素，让学生在劳动教育课程中提高对劳动重要性的认识，自觉形成劳动习惯，具备务实重行、不畏困难、百折不挠、精益求精、追求卓越的劳动素养和品格，锻炼学生的动手能力以及创造性设计、研发的能力，从而最终做出创造性的劳动成果。

整体来看，不仅要大力推进劳动教育课程设计的落实，而且要执行已有劳动教育的相关课程，将劳动教育课程纳入教学大纲和教学计划。高等院校应以实习实训课为主要载体开展劳动教育，其中劳动精神、劳模精神、工匠精神专题教育不少于16学时。开展劳动教育除了开设专门的劳动教育必修课程外，还要结合其他课程的学科、专业特点，梳理各学科中所蕴含的劳动知识和劳动教育功能，实现劳动教育与其他学科知识体系的有机融合，润物细无声地将劳动教育思想和内容有机融入各学科教学，让学生受到潜移默化的影响。如思想教育与劳动教育的整合，可以德育增强认识，实现德育与劳育协同育人；专业课与劳动教育的整合，融合不同专业的学科特色，可充分挖掘劳动教育的元素，有针对性地引领青年提升劳动素养；可在职业辅导、就业指导等课程中融入劳动精神和劳动知识，给予大学生适当引导，让他们正视自身劳动技能的优点和缺点，找到合适的工作岗位，为学生今后的学习和就业奠定基础；还可以把毕业实习、实训与劳动教育的内容充分结合，在强化专业知识和专业技能中培养大学生的劳动素养。

此外，高等院校可在学年内或寒暑假设立劳动周，以集体劳动为主，也可安排劳动月，集中落实各学年劳动周要求。有条件的地方和高等院校还可以开发地方特色课程和校本课程，为学生提供更丰富多样的劳动教育课程。可根据需要编写劳动实践指导手册，明确教学目标、活动设计、工具使用、考核评价、安全保护等要求。

二、积极推进劳动教育课程改革

劳动教育课程改革要紧紧把握时代特点，旨在教育学生在继承中华民族优秀劳动传统的同时掌握新时代劳动基本技能，树立现代劳动观念，使劳动意识和行为与未来社会发展需求相匹配，为培养高素质劳动者和接班人奠定坚实基础。在劳动教育课程的设计中，要加强系统规划，一方面体现学段特征的渐进性，另一方面体现不同层面和类别劳动素养的目标要求和实现路径，用科学的顶层设计引领学校的创新实践。要进一步增强劳动教育课程的先进性和科学性，梳理并审定已有相关劳动教育的各种课程和教材，明确课程内容，有针对性地调整劳动教育课时，保障劳动教育能够可持续、与时俱进地长期开展。开放劳动教育教材的区域输出和输入渠道，促进一些具有先进教育思想、教学方法、学习模式的教材跨区域流通，有效交流。探索适合劳动教育实施的多种教学模式，不断提高劳动教育的教育教学质量，支持和鼓励学生积极参加社会劳动实践、志愿服务等活动，在劳动过程中逐渐养成敢于承担社会责任、饱含真善美的情怀。

三、全面搭建劳动教育平台

全面加强新时代劳动教育，不仅需要落实到课程优化设置上，还需要搭建良好的实施平台。世界上很多国家都十分重视劳动教育课程设计与平台搭建，如日本劳动课程体系包括家政课、午餐教育、田地教育等，将劳动教育融入校园和家庭；德国十分强调和重视基础教育中的劳动技术教育，把它视为学生职业生活和社会的重要准备和基础，是学生全面素质教育的重要组成部分，精心设计并贯穿在基础教育的全过程；美国的劳动教育围绕着学生的职业生涯规划而开展，课程主要分为基于成为家庭有效成员的劳动教育、基于就业的劳动教育和基于公民培养的劳动教育。

我们可以参考借鉴其他国家劳动教育的经验，着眼于中国和本地实际，紧密结合当代大学生全面发展和区域经济社会发展的需要，积极创设广泛多样的劳动教育实践平台，突出体力劳动，让学生动手实践、出力流汗，接受锻炼、磨炼意志。

在校内平台开发方面，除已建立的实训基地、实训车间外，教室、图书馆、运动场馆等校园场所都是开展劳动教育的重要资源。同时，可结合校园文化建设，开展与劳动教育有关的多样化的课外活动，如征文演讲比赛、"文明寝室评比"、劳动技能竞赛等，让学生亲身体验劳动，感悟劳动的意义；还可以利用宣传标语、校园广播、微信公众号等传播载体，或者召开劳动模范和先进人物的报告会、分享会和学习会，做好对劳动模范、工匠精神的宣传工作，通过一系列切实有效的措施营造崇尚和尊重劳动的良好氛围，这对大学生形成正确的劳动意识、提升劳动素养起到了重要的作用。

在校外平台拓展方面，应加大与地方政府、周边社区、产业园区等的合作，充分利用和有效整合各类社会劳动教育资源，构建优势互补、联动发展的校内外多元劳动教育平台。总而言之，应通过劳动教育的课程设计与平台搭建，在全社会创造浓厚的劳动文化氛围，激发广大学生热爱劳动的内生动力，教育引导他们学会劳动、学会勤俭、学会感恩、学会助人，立志成长为德智体美劳全面发展的社会主义建设者和接班人。

第四节 确定劳动教育内容要求

确定劳动教育内容要求，主要包含开展日常生活劳动教育、生产劳动教育和服务性劳动教育三个方面。可在总体内容设计的基础上，分学段提出教育内容要点，强化具体指导。

一、开展日常生活劳动教育，培养学生创造性地解决实际问题的能力

日常生活劳动是一项基本技能，既是回报国家与社会的需要，也是自己今后安身立命的需要。"夙兴夜寐，洒扫庭内"，热爱劳动特别是生活性劳动，是中华民族的优秀传统。洗衣做饭是劳动，打扫卫生是劳动，修理桌椅也是劳动，而且这些维持我们日常生活正常运转的"刚需劳动"技能，理应被每一个人掌握。高等院校通过引导学生开展自我服务劳动、家务劳动、班务劳动、校务劳动等形式多样的日常生活劳动，帮助学生在个人生活自理中强化劳动自立意识，体验持家之道，培养学生创造性地解决实际问题的能力，为学生健康发展、适应社会生活奠定重要基础。

二、开展生产劳动教育，帮助学生养成艰苦奋斗、实干兴邦的职业素质

生产劳动是指直接创造物质财富的劳动，如农业、工业、交通运输业、建筑业等中的劳动。与普通教育（尤其是普通中小学）开展旨在增强学生劳动荣誉感、体会劳动的艰辛等情感培育不同，高等院校的劳动教育应注重围绕创新创业，结合学科和专业积极开展实习实训、专业服务、社会实践、勤工助学等，为学生参加生产劳动创造更多机会。应帮助学生了解实际生产岗位工作人员所需具备的知识、技能、态度等综合职业能力，锻炼提高自身的操作技能，重视新知识、新技术、新工艺、新方

法的应用，创造性地解决实际问题，使学生增强诚实劳动意识，积累职业经验，提升就业创业能力，树立正确择业观，具有到艰苦地区和行业工作的奋斗精神，懂得空谈误国、实干兴邦的深刻道理，提升他们的就业创业能力与职业经验。

三、开展服务性劳动教育，培育公共服务意识和奉献精神

服务劳动包括志愿服务、社区服务、敬老服务等义务性、公益性的劳动形式。高等院校要引导大学生深入社会、走进基层，在体验劳动服务社会的过程中，提高生产生活技能，强化学生的社会责任感，培育公共服务意识，培养良好的社会公德、艰苦奋斗意识与责任担当的优良品质，使学生在面对灾害等危机时有主动作为的奉献精神。把劳动评价结果作为衡量学生全面发展的重要内容，作为评优评先的重要参考和毕业依据，将服务性劳动也融入学生日常学习和生活中。此外，在开展服务性劳动教育的过程中，要结合产业新业态、劳动新形态，注重选择新型服务性劳动的内容。

让劳动成为劳动教育的最佳方式，还要防止劳动教育中的娱乐化、形式化、惩戒化等问题。要通过劳动培养学生生活自理的能力，着力提升学生的综合素质，把好劳动教育的价值取向，促进学生全面发展、健康成长；通过劳动培养学生正确的世界观、人生观和价值观，弘扬劳动精神，养成热爱劳动的习惯，从而在劳动中发现生活之美；通过劳动培养学生正确的劳动观，形成对劳动的正确态度和看法，崇尚劳动、尊重劳动，

增强对劳动人民的感情，报效国家，奉献社会。

第五节　搭建劳动教育实施体系

劳动教育的组织和进行是以劳动周的形式进行的，每学期1周，4学年共8周，每周48学时。劳动教育是依靠劳动课教师、有经验的工人师傅和班主任组织领导，通过各种劳动活动和伴之以马克思主义劳动理论教学来实现的。

一、劳动教育的实施

劳动教育活动以体力劳动为主，经常变换劳动的种类，并且把体力劳动和脑力劳动正确地交替进行。劳动主要有以下三类。

（一）生产性劳动

根据社会生产需要和社会提供的客观条件，参加一定数量的工农业生产，或者到劳动艰苦的环境中参观体会，了解工农群众，增强与劳动人民的感情。

（二）服务性劳动

以校园服务周的形式，把为教学服务和管理学校紧密结合起来。学生既是全校公共卫生的清扫者，又是公共卫生的管理者和监督者。把精神文明建设、礼貌待人和文明管理结合起来。使学生懂得服务性劳动是社会劳动不可缺少的一部分，是光荣的，必须克服轻视服务性劳动的思想。

(三) 公益性劳动

组织学生直接参加学校校园建设和社会公共事业不计报酬的劳动，包括整修校园、植树造林等劳动。它能把学校建设长远目标和组织劳动周分段实施结合起来，并通过坚持简单协作的集体劳动，培养学生的集体观念和集体主义，使他们工作不讲条件，劳动不计报酬。

二、劳动教育的原则

在劳动教育实施过程中，必须依据正确的教育原则，才能取得较好的教育效果。

（一）坚持劳动和教育相结合，突出教育性的原则

以体力劳动活动为主，培养劳动观点，把思想品德教育摆在首位，并且贯彻始终。要在劳动中发展学生的智力和体力，要培育他们美好道德品质，使他们懂得劳动是最伟大的美，同时也是艰巨的事业。

（二）坚持统一要求和因地制宜相结合，精心组织的原则

劳动教育的统一要求是培养学生的共产主义劳动观，养成劳动习惯，珍惜劳动人民的劳动成果，初步掌握劳动技能。结合当时当地的具体劳动任务，制定劳动质和量的标准。既热烈又有秩序，使人人都参加火热的劳动，防止无准备，走过场，泡时间。

（三）坚持正面教育与纪律管理相结合以调动积极性的原则

劳动中要以正面教育为主，事先讲道理，中间做鼓动，事后做总结，既要表扬好人好事好思想，又要伴之以纪律教育。对无故不参加劳动，

躲避劳动而又拒绝接受教育的学生，要予以批评。对严重违犯劳动纪律的，要给予处分。奖罚分明，是非分明，是一种最实际的教育，不能偏袒懒惰的学生。

（四）坚持培养吃苦耐劳的精神同时注意安全、卫生的原则

把安全和卫生教育贯彻始终。特别是存在危险的劳动，更要精心组织，确保安全。不组织劳动竞赛和挑战，不使学生过度紧张和劳累，但又不能无事可做，必须使之养成遵守纪律、遵守时间的习惯。

（五）坚持学习性劳动和创造性劳动相结合的原则

劳动过程既是将学习的知识应用于实践的过程，又是在劳动实践中发现新东西的过程。引导学生研究劳动对象，总结劳动经验，改革生产工具和操作方法，提高劳动效率。培养学生动脑筋，找差距，勤动手的创造兴趣。培养社会主义创造性劳动者是社会主义劳动教育的主要任务之一。

三、劳动教育的考核

劳动教育成绩用结构量法构成，包括四部分：

（1）完成劳动的数量和质量。

（2）劳动态度、劳动纪律和劳动表现。

（3）劳动理论学习成绩。

（4）劳动技能成绩。

比例按4∶3∶2∶1，而后综合评定为优秀、良好、及格、不及格4级。

《劳动教育》课，8次总评中有1/4不及格者不准毕业，待毕业一年后，须由毕业生所在单位做出劳动合格鉴定，学校再补发毕业证书。

第六节　健全劳动素养评价制度

为使劳动教育更好地贯彻落实，防范学生劳动积极性不高、内在动力不足的问题，还需要健全劳动素养评价制度。将劳动素养纳入学生综合素质评价体系，制定一整套劳动素养评价标准，充分发挥评价的激励和导向作用；组织开展劳动技能和劳动成果展示、劳动竞赛等活动，全面客观记录课内外劳动过程和结果，加强实际劳动技能和价值体认情况的考核；建立公示、审核制度，确保记录真实可靠。把劳动素养评价结果作为衡量学生全面发展情况的重要内容，作为评优评先的重要参考和毕业依据，作为高一级学校录取的重要参考或依据，使新时代劳动教育体系变得更加完善。

一、劳动素养评价的主要内容

劳动素养是指经过生活或教育活动形成的与劳动有关的人的素养，包括劳动价值观、知识、能力等具体指向。苏霍姆林斯基认为，劳动素养还包括"劳动活动在一个人精神生活中的作用和地位，以及劳动创造中的充实的智力内容、丰富的道德意义和明确的公民目的性"。从大学生的特点、评价指标的可操作性以及社会认知程度等综合角度来看，劳动素养的内涵与指向主要体现为以下四个方面。

（一）劳动意识的评价维度

人类的劳动活动是有意识的，在活动之前就存在着一定的思考和安排。培养正确的劳动意识就是让学生具有正确的劳动动机和劳动态度。劳动动机体现为劳动者在劳动过程中所追求的目的，劳动态度体现为劳动者在劳动过程中的心理感受。学校通过劳动教育，使学生明确劳动动机、端正劳动态度，进而加强劳动意识。

（二）劳动观念的评价维度

劳动可以锻炼人的吃苦精神，劳动会让人有坚定的意志。劳动观念是人们对劳动的看法和态度。劳动观念要以热爱劳动为荣、以不劳而获为耻，尊重努力劳动、贡献社会的不同阶层的劳动者，愿意以自己的体力和脑力劳动建设祖国、贡献社会、服务人民，树立正确的劳动观念，是提高学生劳动素养的基本要求。

（三）劳动能力的评价维度

劳动能力是人们进行劳动工作的能力，包括体力劳动和脑力劳动两个方面。劳动能力让学生懂劳动、会劳动，是人们通过劳动创造价值的必要手段。

（四）劳动成果的评价维度

劳动是人与社会、人与自然的互动过程，强调结果评价是在探讨人作为劳动主体对生活和工作的影响。劳动能使学生学会生活、学会生存、学会交往、学会发展，劳动使人身心健康，通过劳动实践活动培养学生热爱劳动的思想、吃苦耐劳的精神和对工作的责任心。

二、劳动素养的评价载体

劳动素养作为人的内在素质，具有充分的内生性、内在性、自主性的特点，必须在外化形态下才能得到准确评价与衡量。构建科学合理的劳动素养评价体系，要重点在丰富评价载体上下功夫，给予劳动素养充分的外在表达空间与形式，既是加强劳动教育的必然要求，也是实现劳动素养科学评价的重要方面。依据大学生管理的特点，结合劳动教育中对"服务""创造""躬行"等劳动价值的重点弘扬，劳动素养的评价载体与呈现形式应涵盖以下几个方面。

（一）日常劳动行为

劳动是人类社会各项活动的基本形态之一，劳动素养的生成、塑造与展现都在日常行为中充分存在。大学生学习、生活等各个方面都与劳动意识、劳动观念、劳动能力有着千丝万缕的联系，如在校内外各个公共场所中能否自觉维护环境卫生、充分尊重他人的劳动成果；在学生宿舍能否具备"一屋不扫，何以扫天下"的劳动意识和行动；在参与考试测验、学术研究和科研探索时能否自觉诚实守信、遵纪守法，严格遵从学术规范，能否从劳动成果的角度更加深刻和自觉地维护学习学术秩序。

劳动素养在日常行为上的表现还可以外化为服务他人、奉献集体的意识与行动。对高校学生来讲，积极参与学生社团组织、为集体举办的文体活动贡献力量,都是以个人劳动与付出去服务他人的形式之一,在构建劳动素养评价体系中,应从劳动成果的维度予以适当体现。

(二)志愿服务

志愿服务是劳动教育的重要载体之一,志愿服务的过程是学生实践能力、劳动精神、劳动素质全面锻炼与提升的过程。高等院校将劳动教育融入志愿服务中,让学生有意识、有目的地参与其中,在志愿服务过程中实践劳动精神、弘扬劳动精神。大量的学生志愿服务活动能够培养学生勇于实践、无私奉献的勤劳奋进精神,增强学生的劳动意识和劳动素质。

(三)实习实训

实习实训是高等院校课堂教学的巩固和提升,是学生将理论应用于实践的必要途径,是培养学生吃苦耐劳、知行合一、乐于奉献等优秀品德及责任担当意识的重要基地。高等院校应结合自身专业特色,不断完善实习实训项目,为学生提供更多的劳动实践机会,加强校内外实习实训基地对学生劳动素养的引导与教育作用。一方面,深化校企合作,提升人才培养质量,通过校内外指导老师合力,使学生在实习实训中树立热爱劳动、劳动光荣的意识;另一方面,学生能够在实际工作岗位的实践锻炼中,立足本职,强化自己的劳动意识和劳动能力,形成个人的责任感和使命感,深刻体悟劳动的价值与意义。

(四)社会实践

社会实践活动给学生提供了与社会的全方位体验与交流的真实场景,

学生可以通过社会实践将知识转化为劳动成果,能够更加直观地感受到通过劳动实现目标、通过劳动创造价值的意义。同时,社会实践活动能够促进学生劳动能力的提高,塑造职业素养和道德品质,通过亲身实践理解劳动价值的内涵,形成尊重劳动、热爱劳动的真挚情感。

三、劳动素养评价结果的运用

构建劳动素养评价体系要充分借鉴和吸收综合素质评价的有益成果,真正做到评价设计科学合理、评价过程公开公正、评价结果导向正确和社会信服。劳动素养评价体系应当与当前高校普遍实行的学生综合素质评价体系相一致、相融合,把劳动素养纳入综合素质评价的五育目标之一,从加强劳动教育的视角,优化学生综合素质评价的各项指标设计,实现劳动教育在综合素质体系中的独立占比,提升劳动教育各项内容的重要性。因此,劳动素养评价的结果运用应当注重以下三个方面。

(一)要探索劳动素养评价的独立表彰机制

劳动教育作为五育并举的重要指标之一,与德智体美相比,尚未建立起有效的表彰或惩戒机制。学生的思想状态、学习成绩、体格检测、文体评比等都有相对独立的考评办法和表彰机制,但对劳育而言,探索劳动素养评价体系的目标之一,就是要在形成劳动素养评价的定量或定性结果基础上,对劳动素养优秀的学生予以表彰,对相对落后的学生进行敦促,通过正面奖励和反向引导的方式,强化劳动教育的具体实施。因此,要从劳动素养评价体系的结果认定上,建立劳育表彰的物质性或荣誉性奖励机制，设立"劳动光荣奖""劳动之星""劳动先进奖""劳动创造奖"等项目，并辅以适当的物质奖励，还要举办劳动技能大赛、劳动表彰大会等活动，扩大劳动素养的教育教学成果，巩固劳动教育的长期效应。

（二）要建立劳动素养评价与学生综合素质测评融合机制

劳动教育是德智体美劳全面培养教育体系的重要组成部分，将劳动素养纳入学生综合素质评价体系中，能够充分发挥劳动教育的激励和导向功能。制定涵盖劳动观念、劳动意识、劳动能力的评价制度和评价标准，通过学生综合测评结果将劳动教育与学生评奖评优挂钩，能够促进学生增强劳动意识，更加注重自身劳动素质的培养。目前，在学生综合素质评价体系中，劳动教育方面的体现不多甚至缺失，这种情况亟待改变。劳动素养评价融入综合素质评价体系，要充分考虑劳动素养评价的四项维度，既要设计好劳动意识、劳动观念等非客观维度的测量方法，也要为劳动能力、劳动结果等适宜定量考察的指标进行合理赋值，从而达到充分肯定学生劳动素养的成长与进步的测评目的。

（三）要建立劳动素养评价结果的长期记录机制

劳动素养评价体系要能够体现出学生的综合劳动素质，促进学生崇尚劳动、尊重劳动，让学生争做辛勤劳动、诚实劳动、创造性劳动的积极践行者。劳动素养评价为挖掘学生的专业能力潜质提供了基本素质保障，学生在专业知识的学习中发扬吃苦耐劳的精神，形成比学赶超、奋勇争先的浓厚学习氛围，更加有助于挖掘专业能力潜质，为未来成为本专业、本行业的卓越劳动者打下基础。建立劳动素养评价结果的长期记录，能够客观反映学生的成长过程，体现出学生劳动能力、劳动态度的发展变化，这对其未来求职升学、择业就业、创新创业等方面都是有益的参考。学生个体的劳动素养评价结果是检验学生个人成长的重要记录，以建立劳动素养评价评分卡、记录表等方式综合反映学生的基本素质，为开展就业推荐、择业指导等提供背景材料和基础信息。另外，对学生劳动素养评价做群体性的长期记录分析，是检验和考察劳动教育成果、效率的重要方面。因此，要尝试通过网络化、系统化、平台化的方式采集学生劳动素养评价信息，构建科学合理的劳动素养评价体系，形成劳动素养评价结果的长期记录机制，推动劳动教育在高校的具体落实落地。

第五章　劳动教育课程的基本要求

奋斗的青春最美丽！劳动是推动人类社会发展的根本力量，也是通向伟大梦想的阶梯。劳动创造物质财富，劳动磨炼品质，更凝聚宝贵的精神财富。知行合一，立德树人，劳动是最好的教育途径。劳动不能仅仅喊口号，要靠实干出真知。大学生劳动教育必须要和社会实践结合，同时也要校内各职能部门密切配合，同频共振，统筹布局，分步实施，形成一个行之有效的育人机制。本章从实际运行入手，为大学生劳动教育提供可行的方案。

第一节　高校劳动教育课程的组织机构及工作职责

一、高校校级组织机构及工作职责

大学生基础劳动教育课既是一门思想品德教育和文明校园的创建课程，又是一门改变师生行为习惯、使其学会做人做事的实践课程。要教育实践好这门课程，一定要有较强的策划力、组织力、执行力，才能达到劳动教育课的效果。否则，就可能变成一盘散沙，成为一门自由"放羊式"、没有任何教育效果的课程。

为了有序和规范地实施劳动教育课，高校可成立劳动教育课教学委员会和教研室等机构，主要负责劳动教育课程的策划、指导、组织、实施、检查和管理等教学教务工作。

（一）劳动教育课教学委员会及工作职责

高校劳动教育课教学委员会设组长1名，一般由学校负责思想工作的党委书记担任；设副组长2名，一般由分管教学工作和分管学生工作的副校长（副书记）担任；设成员若干名，一般由教务处、学生工作处、后勤处、督察室和各二级学院的主要负责人组成。

劳动教育课教学委员会的主要职责如下：

（1）根据本校的实际，建立和完善劳动教育课各项规章制度。

（2）负责研讨劳动教育课有关教育教学重要政策规定。

（3）加强劳动教育课的思想工作，进一步明确实施劳动教育课的目的，端正劳动态度，教育广大学生积极参加劳动。

（4）及时解决劳动教育课学生反映的重要问题，督促劳动教育课取得最佳效果。

（5）努力探索、改革高校劳动教育课实施和管理模式，不断丰富劳动课内容，创新教育教学形式。

（二）劳动教育课教研室及其工作职责

高校劳动教育课，是一门新增加的思想教育必修课，按照教学要求，应成立课程教研室，主要负责全校各专业劳动教育课程教学计划的编制、组织实施、教研活动和日常管理等工作。

劳动教育课教研室接受教学委员会的直接领导，接受教务处的业务指导和督察管理工作。教研室应设主任1名，一般由学生工作部（处）长或后勤处处长担任；成员若干名，一般由各二级学院分管学生工作的副书记（或副院长）和学生教育科长或副科长组成，各二级学院具体组织实施劳动教育课的辅导员、班主任等参加。

劳动教育课教研室的主要职责如下：

（1）负责制订劳动教育课的教学计划、组织实施、检查考评、成绩录入、学分管理和奖惩等规章制度。

（2）加强劳动课的普遍教育，明确劳动目的，端正劳动态度，充分调动广大学生参加劳动的积极性，尤其要做好少数学生耐心细致的思想教育工作。

（3）具体负责劳动教育课的计划组织、理论教学、技能培训、实践指导、考勤管理、检查督促、讲评反馈、问题整改和资料整理等工作。

（4）认真了解和掌握劳动教育课实施过程中反映出来的问题，做好家校联系沟通，及时解决问题。

（5）按照教务处的安排，结合劳动教育课存在的问题，开展教育教学经验交流、集体备课和研讨活动。

（6）不断探索创新大学生劳动教育课的方法和形式，丰富劳动课程内容等。

二、机关职能部门工作职责

劳动教育课作为一门思想教育必修课,按照教学规定和组织实施劳动教育课的实际,以下职能部门具有分工负责的工作职责。

(一)教务部门工作职责

(1)负责指导协调各二级学院按照国家的教育方针和培养目标,即"培养德、智、体、美、劳全面发展的社会主义劳动者和接班人",修订各专业人才培养方案,审核批准专业人才培养方案。

(2)负责指导劳动教育课教研室,根据学校教学规定和劳动课的计划安排,组织劳动教育课程日常教学管理工作,规范课程教学流程、检查督促教学与实践效果,及时整改存在的问题。

(3)负责每学期期初、期中、期末三次大检查,不断规范课程体系制度,完善课程教学存档资料,提高课程教育教学质量,努力使劳动课教育教学更加制度化、规范化。

(4)负责劳动教育课学生个人课程成绩、学分管理,指导课程补考、重修等工作。

(5)负责指导劳动教育课教研室做好劳动教育课程的教学改革,不断探索创新劳动教育课的教学和实践内容、形式和方法。

(二)学工部门工作职责

1. 指导劳动教育课教研活动

根据教务部门有关课程教学规定和劳动教育课的实际,不断修订和完善符合劳动教育课实际的课程体系，科学制订学年度劳动教育课教学实践计划安排，并指导实施，健全劳动教育课规章制度，使劳动教育课更加制度化、规范化。

2. 加强劳动教育课宣传教育

加强对广大学生劳动教育课的宣传教育工作，组织实施党和国家教育方针的教育，充分认识高校开设劳动教育课的重要性和必要性，明确课程建设目的，端正劳动态度，努力营造劳动教育课的教育宣传氛围。

3. 协调院（系）课程安排、具体实施

负责指导协调院（系）做好劳动教育课的组织实施、检查督促、问题整改等工作，主动协调各职能部门劳动教育课教育教学，特别是实践课有关工作，及时协助解决劳动教育课的有关问题。

4. 指导院（系）和辅导员工作

及时了解掌握学生对劳动教育课的思想反馈，树立和宣传吃苦耐劳表现突出的典型，耐心细致地做好个别学生的思想教育工作，广泛调动大家参与劳动教育课的积极性、主动性。

5. 指导资料归档工作

指导劳动教育课教研室按照课程建设的要求，收集、整理、归档，规范地做好劳动教育课的存档资料。做好每学年教育教学工作总结，开展好各项教研活动。

6.组织做好劳动教育课程的探索与创新

在开展组织实施劳动教育课过程中，应及时收集劳动教育课程教学过程中的新情况和出现的新问题，及时组织分析研讨对策，不断探索大学生基础劳动教育课的新形式、丰富教学新内容、力争取得新效果。

（三）后勤部门工作职责

1.提出符合实际的劳动标准

后勤部门作为文明校园创建的重要职能部门，应根据校园文明卫生、环境绿化等要求和广大学生的实际，提出校园基础劳动的有关标准。如教室、实验实训室、大厅、走廊、厕所等室内的地面、墙面、桌面、门窗面、玻璃面和天花板清扫干净的标准,提出广场、道路、运动场、篮球场、人行道、绿化带（地）等室外清扫、清捡干净的标准，使学校劳动教育课的组织实施者对照标准提出要求，更加有的放矢。

2.组织劳动技能和方法培训

后勤总务部门应定期组织学生骨干进行劳动技能和方法的培训，进行正确的劳动姿势培训，掌握好各种劳动工具的使用方法，学会爱护劳动工具。熟练地掌握劳动技能和劳动工具，如现代智能劳动工具的使用方法和技能，从而极大地提高劳动教育课的质量和效果。

3.协助做好劳动课日常检查

后勤总务部门和学校督察部门共同履行劳动教育课日常实施情况的检查指导工作，及时巡查发现校园各区域劳动教育课存在的各种问题，及时提出整改意见，协助抓紧抓好整改落实工作，提升劳动教育课的日常教学工作质量。

4. 参与统一组织的劳动督查

一般情况下，学校每周要组织一次全面的、彻底的劳动教育课检查，按照统一组织和分工负责相结合的检查方式，认真详细检查，发现问题及时汇报并提出整改意见，落实好检查责任。

5. 做好劳动教育课工具保障

根据劳动教育课参加学生人数所需要劳动工具以及劳动工具正常损耗等情况，及时按程序申请、审批、购买和补充，切实保障好劳动教育课所需要的劳动工具。

三、二级学院工作职责

高校的院（系）是大学生劳动教育课程的直接领导和组织者，负有重要的课程教育教学和实践责任。高校教师和辅导员是大学生思想工作教育管理和组织者，对大学生基础劳动教育课程负有直接和具体组织落实的责任。

（一）院（系）职责

1. 纳入人才培养方案

根据学校劳动教育课教学委员会和教务处有关课程教育教学要求，将劳动教育纳入重要的议事日程，制（修）订各专业人才培养方案，报教务处审批执行。

2. 制（修）订规章制度

制（修）订劳动教育课教育教学有关规定制度和教学计划，完善人才培养方案和教学计划的具体规定与措施，认真落实劳动教育课的教学制度、计划和奖惩规定。

3. 明确领导分工

明确院（系）领导对劳动课教育教学的组织实施和分工负责，加强各班级劳动课的督促检查，及时发现整改问题，不断提高劳动教育课的教学实践效果和质量。

4. 做好宣传工作

要做好劳动教育课的普遍宣传教育，按照课程要求上好劳动教育理论课，增强劳动意识，端正劳动态度，重视发现劳动实践过程中的好人好事，做好学生的思想宣传教育工作。

5. 完善课程档案资料

按照课程教学管理规定，及时收集劳动教育课的各种教学资料，做好考勤和教学登记，规范整理，完善归档。及时录入学生的课程成绩，做好补考重修工作。

6. 做好课程改革创新

不断进行劳动教育课的理论教学与实践改革，不断探索高等院校开设劳动教育课程的途径与方法，尤其是与专业建设相结合的劳动教育，不断增强劳动教育教学的教育效果，努力实现人才培养目标。

（二）教师或辅导员职责

1. 制订详细计划并分工负责

根据学校教务部门和学工部门关于开展大学生基础劳动教育课程的要求，对照各自参加劳动教育课的班级及人数，制订详细的劳动课计划，分成区域劳动小组，指定小组长，做好分工负责。组织班委会议和班会，明确有关规定，提出落实好劳动教育课的具体措施和要求。

2. 重视教育，统一思想

教师或辅导员根据学工部门和劳动教育课教研室的布置和要求，组织好4课时的劳动教育理论课的备课，充分准备，编写好教案并认真组织教学，做好劳动教育理论课教学登记、考勤登记、过程登记、效果评价登记，形成完整的理论教学资料。

3. 遵守制度，落实规定

负责劳动教育课组织实施的辅导员，应坚持劳动教育课课程标准和制度，做好每天早上集合考勤登记和管理工作，做好每天劳动实践课结束后的小结评讲，加强对劳动课实践过程中问题的自查整改工作，重视对劳动教育课实践过程中的好人好事的宣传和氛围营造工作，做好劳动课教育教学总结。

4. 交流经验，树立典型

教师或辅导员在劳动教育实践中，注重收集在劳动中不怕苦、不怕累、不怕脏、吃苦耐劳的典型事例，组织撰写心得体会和交流经验。注意利用实践过程，对典型学生给予评先评优。

5. 耐心细致，做好工作

加强思想教育工作，对少数认识不到位、态度不端正、出工不出力，甚至出现找借口请假躲避劳动等行为的学生，要及时沟通，做好耐心细致的思想教育工作。对个别我行我素、屡教不改、无特殊原因不参加劳动的问题学生，除给予补考、重修外，还应严肃批评、教育，情节严重的要给予纪律处分。

6. 加强自查，提高效率

校园劳动，由于点多、面广、线长，应科学组织，合理分配和分工。要组建一支5~8人的督察小组，由辅导员担任组长，全体成员均熟悉校园环境和有较强管理能力，通过在劳动中反复巡查，发现问题当场整改，从而提高劳动课的质量和效率。

7. 收整资料，分类存档

教师或辅导员要根据学校有关课程教学管理规定和要求，认真完整地收集课程计划备课教案、成绩登录和分析表、考勤表及课程教学实践总结等，填写整理好教学情况登记表，由教研室存档保管。

第二节　基础劳动教育课程的基本要求和课程内容

一、劳动教育课程概述

（一）课程性质

劳动教育是国民教育体系的重要内容，是学生成长的必要途径，具有树德、增智、强体、育美的综合育人价值。实施劳动教育的重点是在系统的文化知识学习之外，有目的、有计划地组织学生参加日常生活劳动、生产劳动和服务性劳动，让学生动手实践、出力流汗，接受锻炼、磨炼意志，培养学生正确的劳动价值观和良好的劳动品质。

（二）课程目标

通过劳动教育，使学生能够理解和形成马克思主义劳动观，牢固树立劳动最光荣、劳动最崇高、劳动最伟大、劳动最美丽的观念；体会劳动创造美好生活，体认劳动不分贵贱，热爱劳动，尊重普通劳动者，培养勤俭、奋斗、创新、奉献的劳动精神；具备满足生存发展需要的基本劳动能力，形成良好的劳动习惯。

（三）课程学时

普通高等学校要明确劳动教育主要依托课程，其中本科阶段不少于32学时。除劳动教育必修课程外，其他课程应结合学科、专业特点，有机融入劳动教育内容。每学年要设立劳动周，可在学年内或寒暑假期间自主安排，以集体劳动为主。也可安排劳动月，集中落实各学年劳动周要求。

根据需要编写劳动实践指导手册，明确教学目标、活动设计、工具使用、考核评价、安全保护等劳动教育要求。

（四）课程学分

劳动教育课总课时计 2 学分。学生个人修满课时、达到理论考试和实践考核标准，并且劳动态度端正、遵守劳动纪律、劳动效果明显，结合个人平时行为习惯评定课程成绩，60 分及以上为及格，未达到 60 分者应重新修读，学生所获学分、成绩记入个人档案。

（五）内容要求

根据课程教育目标，主要以日常生活劳动、生产劳动和服务性劳动为主要内容开展劳动教育。结合产业新业态、劳动新形态，注重选择新型服务性的劳动内容。

高等院校要注重围绕创新创业，结合学科和专业积极开展实习实训、专业服务、社会实践、勤工助学等，重视新知识、新技术、新工艺、新方法应用，创造性地解决实际问题，使学生增强诚实劳动意识，积累职业经验，提升就业创业能力，树立正确择业观，培养到艰苦地区和行业工作的奋斗精神。注重培育学生的公共服务意识，使学生具有面对重大灾害等危机事件时有主动作为的奉献精神。

二、劳动理论教学内容和基本要求

（一）开设劳动教育课的意义

劳动和劳动教育之于当代大学生教育具有本体意义和价值。劳动教育可以增智、树德、强体、育美。实施劳动教育必须把握育人导向、遵循教育规律、体现时代特征、强化综合实施、坚持因地制宜，实现劳育与智育、德育、体育、美育完美融合，构建具有中国特色的高水平人才培养体系。

劳动教育是中国特色社会主义教育制度的重要内容，又是教育发展的内在需求，是社会主义教育的重要特色和优势。长期以来，各地区和学校坚持教育与生产劳动相结合，在实践育人方面取得了一定成效。因此，全党全社会都必须高度重视，采取有效措施切实加强劳动教育。劳动教育既能引导学生热爱和尊重劳动，弘扬劳动精神，又是开展教育工作的重要保障和必然选择。具体表现为以下几个方面。

1. 劳动教育是遵循马克思主义教育思想的必然要求

对照人类社会的发展史，无论人类解放、自身发展，还是获得财富都离不开劳动，幸福也需要通过劳动去创造。马克思提出了生产劳动与教育相结合的劳动教育思想，不同于普通的教育思想，他从唯物主义角度阐述了系统全面的劳动教育思想，把劳动教育提升到普遍规律的高度之上，强调人的解放需要开展劳动教育，从根本上明确教育应当"为人、对人、靠人"。总结而言，劳动有助于人们获得生产生活经验和增强个人奋斗的主动性。

2. 劳动教育是立德树人的重要途径

立德树人既是教育的根本任务，也是检验教育成效的根本标准。立德树人的目的在于培养德、智、体、美、劳全面发展、合格的社会主义建设者和可靠的接班人，劳动教育则是实现立德树人目标的一个重要过程和重要方面。

劳动教育丰富了教育工作的内涵，促使学生端正劳动态度并树立正确的劳动观念，能够培养学生对劳动和劳动人民的思想感情，逐步养成热爱劳动、善于劳动以及勤于劳动的素质。劳动教育和道德教育紧密联系，劳动教育也是加强德育的过程。因此，道德教育与劳动教育相结合也是德育的一种方法。国家历来注重劳动教育的重要作用和实际意义，将劳动视为形成良好道德品质的重要途径，"德之根在心，人之本在劳"，二者结合就是立德树人的根本。

3. 劳动教育的实际作用和现实需要

马克思高度肯定了劳动对创造人和创造历史的重要意义。因此，劳动教育是劳动和教育的有效结合，一方面发挥了劳动的实践效用，通过利用和总结实践经验实现了理论和实践相结合、知行合一，人们得以在实践中学习、在学习中实践；另一方面发挥了教育的效用，增进了学生对劳动生产知识和技术的认识与理解，提高了学生的劳动实践能力以及分析和解决问题的水平。因此，劳动教育与德育、智育、体育、美育密不可分，有助于完善教育工作，培养德、智、体、美、劳全面发展的人才。

（二）劳动观、奋斗观、幸福观主题教育

1.劳动的价值

劳动观是人们对劳动的根本看法和态度，是人们世界观和人生观的重要组成部分。劳动是创造物质世界和人类历史的根本动力，劳动、劳动者神圣光荣；劳动是一切社会财富的源泉，按劳分配是合乎正义的分配原则，不劳而获、少劳多得可耻不义；劳动具有教育性价值，教育与生产劳动相结合，体现了社会主义教育的本质。只有热爱劳动、积极参加劳动，才能实现个人的健康成长；不爱劳动、不愿劳动，过寄生虫生活，会阻碍个人的全面发展，实现不了人生价值。

2.用劳动奋斗出幸福

劳动是推动人类社会发展的根本力量，也是通向伟大梦想的进步阶梯。幸福是奋斗出来的，世界上没有坐享其成的好事，天上不会掉馅饼，努力奋斗才可能梦想成真。对家庭而言，没有劳动就没有物质财富的积累，就没有生活条件的改善；对个人来说，劳动不仅筑牢了成功的坚实底座，也凝结成宝贵的精神财富，只要肯学、肯干、肯钻研，练就一身真本领，掌握一手好技术，就能找到人生出彩的舞台，在劳动中发现广阔的天地，在劳动中体现价值、展现风采、感受快乐。

（三）理论教学的基本要求

1.明确目的

应明确劳动教育的教学目的，通过理论教学提高学生对劳动教育课的

认识，增强劳动意识，掌握基本的劳动知识，明确劳动教育的目的意义、劳动教育的组织形式和方法等。

2. 充分准备

劳动教育理论教学中老师要提前做好调查研究，收集有关资料，结合学生缺乏的和实际需要的认真准备教案，做好教学课件，使用多媒体教学，提高课堂教学效果。

3. 讲究方法

重视劳动教育课程教学改革，应采取研究讨论式、启发互动式教学，必要时可以把课堂搬到现场去，贴近实际进行理论教学，增强课堂互动性，活跃课堂氛围。

（四）理论教学的基本内容

组织开展国家相关法律、劳动知识、劳动安全、劳动纪律等方面的教育，学习劳动模范人物的先进事迹，讲解学期劳动计划与安排等内容。通过组织动员教育，树立劳动最光荣、劳动最崇高、劳动最伟大、劳动最美丽的劳动观念，引导学生热爱劳动、尊重劳动、珍惜劳动成果，自觉遵守劳动安全法规。

三、劳动实践教育课程的内容与要求

高校劳动教育课程应以劳动品德教育为基础，涵盖劳动概论、劳动方法、社会分工、劳动合作等内容。要注重系统化，在劳动教育必修课的基础上将劳动教育渗透到专业教育、思想理论课、大学生就业辅导课程、社会实践教育和校园文化建设中,从道德、法律、就业等多方面全方位开展大学生劳动教育。

(一)校内劳动实践教育课程的内容与要求

1. 校内劳动实践教育课程的内容

高校要组织开展丰富多彩的校内劳动。丰富多彩的校内劳动是激发学生劳动兴趣和热情的有效方式,是对劳动教育必修课的重要补充和延展。相对于劳动理论教育而言,校内活动具有良好的参与性和体验性,能够促进学生将劳动知识和劳动实践相结合,学以致用、知行合一。在学校日常教育教学中,劳动教育要与学生的校园活动紧密结合起来。比如,积极组织开展劳动技能及劳动知识竞赛,使学生自觉积累劳动知识,引领学生将劳动理论知识灵活运用于校园劳动。结合劳动教育的目标及办学条件,组织开展"大学生劳动周"等活动,壮大学校劳动教育型社团,探索建立微型"校园农场",以年级、班级为单位,采取学生轮值轮岗种植栽培农作物、绿植花卉等方式,增强学生的劳动责任意识。同时可以开办涵盖室内设计、勤工俭学、废物再造、器材维修等内容的兴趣小组,增强学生的自主劳动意识和能力。另外,也可以由班主任、辅导员或学生干事指导学生结合校园生活和社会服务组织开展劳动实践,如校园环境卫生清洁、学雷锋活动、校内公益劳动、服务校级或学院(部)级大型活动(迎接新生活动、校园招聘会、校内学术会议、校内展览会、运动会、公共设施维护、校内防台风及台风后救灾等)。

2.校内劳动的主要区域

在高校校园内,总体来说有以下主要区域,而这些区域内的清扫卫生、整理物品、优化环境等工作,一般可以安排在学生的基础劳动教育与实践课、师生的义务劳动、校园文明创建或者志愿者活动中完成。

(1)教学楼。主要包括楼内各教室和走廊、楼梯、露台、休闲场所、公共卫生间及周边等区域。

(2)实训楼。主要包括楼内各实验实训室、走廊、楼梯、露台、休闲场所、公共卫生间及周边等区域。

(3)活动中心和图书馆。主要包括活动中心和图书馆的活动室、藏书室、阅览室、走廊、礼堂、露台、报告厅、休闲场所、公共卫生间、各类办公室、资料室及周边等区域。

(4)师生公寓。主要包括公寓各楼内走廊、楼梯、露台、值班室、休闲场所、庭院内及周边等区域。

(5)道路、广场。主要包括校内各机动车主、次干道及人行道和小道等。广场主要有集会广场、休闲广场、运动场、停车场、各种球类场馆等区域。

(6)食堂、车库。主要包括校园内所有食堂和餐厅,地下人防设施和地下停车库及周边等区域。

(7)校内绿化地、生态园等。主要包括校园内各区域的绿化地、绿化林、校园湖(池)、果树园、生态园及校园周边等绿化区域。

（8）校园其他有关区域等。

3. 校内劳动要达到的环境卫生效果

（1）室内区域。保持过道、台阶、地面等干净、无积水、无烟头、无各种垃圾；桌面、墙面、天花板、窗户、玻璃和门面保持清洁卫生，无乱张贴张挂，无灰尘和蜘蛛网等。

（2）室外区域。无树叶、烟头等垃圾和杂物堆积，保持室外公共卫生环境干净、整洁。

（二）校外劳动实践教育课程的内容与要求

高校要创新校外劳动实践教育，社会是劳动教育的重要主体，社会教育包含着丰富的劳动教育资源，是多元主体协同参与、动态创新的劳动教育组织形式。校外劳动教育要重点开发社会劳动实践教育资源，开辟校外劳动实践教育基地。要结合学生不同阶段的学习需求和成长需求，科学设计和规划校外劳动实践教育方案，通过大学生社会公益服务劳动、研学旅行、顶岗实习等方式，引导学生在多产业融合进程中积极学工学农，在农业生产、工业制造、基层服务等社会生产环节增长劳动技能、磨炼劳动本领与意志；也可用智力帮助校外企事业单位、机关团体、社区等完成产生价值的活动或项目，如分析、统计、调研、设计、决策、组织、运筹等。

此外，学校要重视布置和设计校外劳动作业，采取日常打卡、家长反馈及学生自评、校评的方式，鼓励学生在课余时间主动承担起家庭劳动责任和义务。大学校外劳动任务要对大学生承担家庭经济责任提供有效建议，使劳动教育与学生的生存和发展能力培养结合起来。

（三）劳动实践课安全注意事项

（1）负责打扫学校大门口的学生，在打扫时应小心过往车辆，注意及时躲避。

（2）负责打扫楼前楼后的学生，应小心楼上的同学往下丢东西，防止被砸伤。

（3）负责打扫各专用教室、实验实训室的学生，别乱动不认识的东西，防止出现一些不必要的损伤。

（4）负责擦门的学生应注意把门上锁，防止在门后打扫时，有人突然推门造成受伤。

（5）负责擦玻璃的学生应注意防止从窗台上摔下来。

（6）负责擦灯管、电扇、挂画的同学除注意摔伤外，还要小心触电，开灯时绝不能擦灯管。

（7）负责打扫台阶的学生防止踩空、摔伤。

（8）负责清理垃圾道的同学应注意垃圾道里的一些碎玻璃、石头等，防止对自己造成伤害。

（9）打扫中杜绝玩耍打闹，防止误碰其他同学，致使自己和他人受伤。

（10）打扫中应留意他人，以免对他人造成伤害。清理垃圾道的同学使用铁锹时，注意别误碰伤他人；负责打扫楼上的同学忌高空抛物。

（四）对劳动实践教育课程管理者的要求

（1）学校应成立劳动教育课程领导小组，主要负责专业人才培养方案的修订，决定劳动教育课程有关教育教学、组织实施、检查考评、成绩管理、学分登录和奖惩等规章制度，督促劳动教育课程取得良好的教学效果。

（2）劳动课教研室主要负责专业人才培养方案的完善，负责劳动教育课的教学与管理实施、劳动教育课情况考核汇总、学生个人成绩评定与录入、根据学生劳动教育课成绩情况确定补考、重修和是否发放毕业证书等工作。

（3）二级学院应成立以院长助理为组长和有关辅导员、教学秘书等为成员的劳动教育课实施工作小组，各班级应成立以班长、团支部书记为负责人的劳动教育课程组织管理和考评小组，根据校园劳动区域范围，划分成若干个劳动小组和一个考评小组，把班级学生劳动教育课落到实处。

（五）对学生的要求

参与劳动课的学生要认真上好劳动理论课，参加有关培训，掌握必要的劳动知识和技能以及有关安全注意事项；熟悉劳动的项目、范围、劳动标准和目标要求；劳动过程中，劳动态度要端正，不怕苦，不怕累，按时上下岗，不得迟到、早退、串岗和旷工；服从安排，听从指挥，积极主动完成工作，不消极怠工，完成规定的课时和学分；在劳动期间，要爱惜劳动工具和学校设施。

总之，学校劳动实践教育是一项系统工程，学校要高度重视劳动实践教育课程体系的建设，使学生的奋斗热情在劳动与创新中迸发，为时代进步积蓄青春力量。

四、高校基础劳动教育的发展趋势

中国特色社会主义已经进入新时代，将赋予劳动教育新内涵，劳动工具也会与时俱进地得到发展，人工智能等高科技将得到应用。新时代高校应大力弘扬劳动精神，教育引导学生崇尚劳动、尊重劳动，懂得劳动最光荣、劳动最崇高、劳动最伟大、劳动最美丽的道理，长大后能够辛勤劳动、诚实劳动、创造性劳动。高校应努力构建德、智、体、美、劳全面培养的教育体系，形成高水平人才培养体系。

（一）劳动教育的内涵

新时代劳动教育的内涵总体来讲可以概括为以下五个方面：

（1）在地位上，劳动教育应该是人才培养体系的重要组成部分。

（2）在内容上，劳动教育有新的拓展：劳动的内容越来越丰富，形式越来越富于变化；劳动者的流动性越来越强，总体上劳动在朝着"劳动者体力支出越来越少，智力支出越来越多"的方向发展；劳动主体的作用越来越突出，人才的重要性越来越明显；劳动作为谋生手段的同时，也出现了"乐生性"的特点——劳动发展成为一种愉快幸福的劳动，而不再都是痛苦的、消耗体力的劳动。

（3）在形态上，劳动教育是劳动的思想教育、技能培育、实践锻炼，劳动首先要从思想上、观念上解决问题，再掌握技能，最后运用于实践，这样才能解决"不珍惜劳动成果、不会劳动、不爱劳动"等问题。

（4）在目标上，劳动教育以提高学生的劳动素养为重点。特别是在大学阶段，劳动教育不能让学生仅限于会做家务，大学生需要培养全面的素养，即劳动价值观、劳动情感态度、劳动品德、劳动习惯、劳动知识与技能。

（5）在目的倾向上，劳动教育应该追求内在价值和外在价值的统一。过去的教育在培养人的过程中多强调成才，在强调如何做人方面显得不够。一个人在成才的同时也要学会做人，还要有内在的东西——德。

（二）基础劳动工具将智能化

随着科学技术和人工智能的发展，为了降低人工成本和提高劳动效率，未来基础劳动工具将出现更多智能型清洁设备和环卫设备，如电动扫地车、洗地机、电动尘推、高压清洗机、三轮冲洗车等。同时，劳动方式也会随之发生变化，传统的机械性劳动将被自动化机器、智能机器人取代。

1. 电动扫地车

大学校园占地面积大、师生多，产生的垃圾也多；校园绿化好，树木秋冬季节或者树叶更换新叶的时候常常有很多树叶枯枝掉落，这个时候就需要扫地车进行清扫，依靠人工清扫费时费力。电动扫地车非常契合环保的理念，是一种必不可少的清洁工具。

2. 洗地机、电动尘推车

学校食堂、体育馆等室内地面的清洁比对室外更加严格，可以使用洗地机、电动尘推车进行作业，让地面达到一尘不染的效果。

3. 高压清洗机、三轮冲洗车

高压清洗机是一款非常高效的清洁工具，其利用水射流技术能够将一些难以清理的污渍轻松地去除。三轮冲洗车是在高压清洗机的原理上改造升级而成的，其变成了一款行走的高压冲洗车，作业范围扩大，应用范围延伸，在校园中多用于路面的冲洗。

（三）高校劳动教育的实施路径

劳动教育是实现立德树人根本任务的重要要求，关键在于把握规律、体现时代性、富于创造性，科学谋划、优化协调、扎实推进。因此，加强大学生劳动教育，必须把握育人导向，坚持党的领导、围绕培养担当民族复兴大任的时代新人的目标进行劳动教育；必须遵循规律，针对各年龄段学生特点，以体力劳动为主进行劳动教育；必须体现时代特征，适应科技发展和产业变革，针对劳动新形态，注重新兴科技支撑和社会服务新变化进行劳动教育；必须强化综合实施，加强政府统筹、拓展劳动教育途径，整合各方面资源进行劳动教育；必须因地制宜，结合自然、经济、文化等条件进行劳动教育。

1. 推进劳动教育与思想教育相结合

在课堂教学中，注意讲劳模、劳模讲，即思想理论课教师要在学理层面深度研究和阐释新时代劳模精神，同时可聘请全国著名劳动模范进课堂讲劳动、劳动模范和劳模精神，让受教育者走近劳动、劳模和劳模精神，从而对劳动、劳模、劳模精神产生敬仰之情。

2. 推进劳动教育与专业教育相结合

严格地讲，劳动教育与专业教育在过程和目标上是具有内在统一性的。要在专业课程中自觉强化劳动导向、自觉融入劳动要素，构建具有本专业特色的劳动教育价值体系。同时，注意加强专业教育中劳动知识的传授和劳动技能训练，培养劳动精神、劳模精神、工匠精神。

3. 推进劳动教育与实习培训教育相结合

在学校教育中，要注意统筹校内和校外、课堂和实践两种教学方式和教学环节，引导受教育者在实习、实训、考察、调研中，走进劳动生产一线，走进企业、社区、乡村，同广大普通劳动者交流、交心，加深与劳动人民之间的感情，拓展劳动知识，提升劳动技能，养成劳动自觉，干一行、爱一行、钻一行，在平凡的劳动岗位上做出不平凡的事业，从而为走入社会做好职业（思想）准备。

4. 推进劳动教育与创业教育相结合

诚实劳动、创造性劳动，这既充分体现了劳动的新要求，也是劳动教育、劳动精神培养需要追求的重要目标。创业创新教育具有创新性、创造性、探索性，必须加强体制机制建设，完善"双创"教育体系，拓展"双创"教育空间，为大学生提供更加灵活地参与"双创"的机会和平台。

5. 推进劳动教育与志愿服务相结合

在社会实践和志愿服务中融入劳动教育，有助于形成良好的劳动习惯，感受劳动乐趣，享受劳动成果，这是劳动教育的最高境界。通过工学结合、勤工助学、劳动体验等途径，积极引导受教育者自觉自愿参与社会服务，培养劳动情怀、劳动意识和奉献精神。通过劳动教育，引导大学生崇尚劳动、尊重劳动，懂得劳动最光荣、劳动最崇高、劳动最伟大、劳动最美丽的深刻道理，长大后能够辛勤劳动、诚实劳动、创造性劳动。

在具体实施时可以简要概括为"1+8"模式。其中，"1"就是在大学里开一门必修课，即《劳动科学概论》或《劳动概论》，主要讲授包括劳动法律、劳动关系、劳动经济、劳动社会保障和劳动安全等相关内容。"8"就是与八个方面的结合，包括与思想教育、社会实践和志愿服务、创新创业、职业生涯与就业指导等方面的结合。其中，就业指导与校园文化其实有着密切关系，如果校园里出现崇尚劳动的气氛，那将是一种很好的劳动教育。劳动模范进校园，就是为了让劳动文化气氛能够浓郁起来。

也可以把劳动教育的"1+8"模式概括为"四位一体"，即课程劳育、思政劳育、专业劳育和实践劳育。课程劳育是专门开设一门关于劳动教育的课程；专业劳育就是把劳动教育融入各门专业课中，如新闻专业的学生接受新闻相关知识、学习操纵摄像机、了解如何编辑视频的过程，实际上就是接受劳动教育的过程；实践劳育是让学生在实践中推动劳动教育，高校鼓励学生到田间、地头、车间等去实地考察，劳育对学生的影响就会非常深刻。

五、以强化学生劳动服务为重点设计公益课程

汕头大学一直高度重视劳动教育，在落实劳动教育方面不断进行探索。学校以公益课程为抓手，创新劳动教育模式，积累了一些好的经验，形成了独具特色的劳动教育课程体系。

公益课程是汕头大学全校本科生的公共必修课。每门公益课程1学分，48学时。其中，劳动服务环节不得少于32学时。每位本科生必须获得至少1个公益课程学分方能毕业。

为强化学生劳动教育，公益课程以"在服务中学习，在学习中服务"为理念，由教师根据不同的服务内容设计具体课程，涵盖人文关怀类（服务对象包括农村留守儿童、家境困难儿童等）、环境保护类（含水资源保护、海洋保护、山林保护等）、学科专业结合类（如与新闻专业、艺术专业相结合）、传授知识技能类（如为中小学生提供助学服务或讲授中华传统文化、乐器演奏技能、户外安全知识、眼健康知识、法律知识等）、宣教类（如珍爱生命、保护环境等）、志愿服务类、历史传承类、综合类等8个模块。

2010—2019年，全校共开设公益类课程近百门，开设337门次，修读的学生达13885人次，师生累计服务劳动超过48万个小时，服务地遍

布潮汕及周边的中小学、社区、农村、乡镇、福利院等单位或机构,并拓展到福建、陕西、四川等地。

六、采用课内外一体化教学模式强化劳动教育实践

公益课程一般集中在周末或暑期开展。为提升课程实施效果,突破以往将劳动教育停留在课堂上的静态教育方式,公益课程借鉴服务学习理念,以源自真实世界的现实问题为驱动开展学习和服务,采用"课堂内服务知识研习+服务地劳动服务+课程总结反思"的课内外一体化教学模式,将课内劳动知识教育与课外公益服务相结合,使学生在学习理论的基础上,体验真实的劳动场景,激发热爱劳动的意识,在学习劳动知识、实践劳动技能的同时,形成正确的劳动价值观。具体的教学环节包括准备、实施、反思、总结4个阶段。每8~10个学生配备一位任课教师,教师主要由接受过专业培训的专职教师和行政教学辅导人员组成。

教师先在课堂内讲授相关的劳动知识、传授劳动技能、讲解项目设计原则。之后,学生以小组为单位开展对服务地需求的调研活动,设计服务主题和项目方案。项目方案经教师引导优化完善后,师生前往服务地开展公益劳动实践。在课程实施上,公益劳动实践与教学反思紧密结合。具体而言,在劳动过程中学生是实施主体,教师主要承担督导观察的角色。每日的劳动服务结束后,教师组织学生面对面总结服务成效和问题,整合劳动体验和认知,引导学生对劳动服务、自我定位、他人、社区等进行反思,商讨改进后续的服务方案。全部服务环节结束后,教师引导学

生在课堂上以小组汇报心得、师生点评的方式对全过程进行回顾，汇报形式有展示视频、相册、成果等。

每学期末，教务处组织进行课程评估，综合教师对学生的评估、学生对教师的评估、学生的自我评估、合作服务地满意度评估等方面信息，全面评价课程的实施效果。其中教师对学生劳动教育的评价以过程性评价为主，重点包括以下方面：劳动中的表现；劳动中运用知识和技能解决复杂问题的能力；对知识和劳动之间关联的理解；对自身劳动角色和责任的反思深度。前两个方面侧重对学生的劳动表现、学生互评结果、服务地满意度等进行评价，后两个方面主要围绕学生的反思报告、学生在总结阶段的内容分享来进行评价。

七、加大学校的支持保障力度

为保障劳动教育的实施，学校成立领导小组，发挥统筹和领导作用，在经费投入方面，学校每年提供专项经费支持，解决师生的交通、服务物资等问题；在师资方面，允许教师领取课酬，聘请校外专家到学校开展培训等；在劳动场地方面，通过建立固定的服务实践基地等方式，为实施劳动教育提供场所。例如，学校加强与社区之间的联系，构建了学校与社区联动的劳动实践共同体，组织学生开展社区服务，与174所中小学建立了服务合作关系，为周边一些中小学校开展劳动教育提供了便利。同时加强课程建设专业支撑，在课程设计上，除开设专门的公益课程外，学校还注重发挥科研优势，以课题或项目形式开展研究，加强公益劳动与其他课程的融合，挖掘拓展实施劳动教育的主题或领域，注重借鉴心理学、教育学等理论探索提高劳动教育的实施成效。

汕头大学创新劳动教育实施方式，以公益课程为抓手将劳动教育纳入学校课程体系，给予劳动教育明确的课程定位，有力地提升了劳动教育实效，改变了一部分学生不尊重劳动、不尊重普通劳动者的观念，扭转了以往学校劳动教育重视不足的局面。学生在公益服务中近距离了解社会，将所学知识技能有机融入现实生活，提升了劳动技能和实践动手能力，培养了劳动价值观、劳动态度、劳动能力和劳动精神。

第六章　劳动精神、劳模精神的培养

2020年3月20日，中共中央、国务院向全国发布文件《关于全面加强新时代大中小学劳动教育的意见》（以下简称《意见》），《意见》中明确提出要坚持新时代劳动精神，做新时代的合格劳动者。新时代劳动精神内涵丰富，坚持劳动精神的培育，对大学生成才具有十分重要的现实意义。本章对新时代劳动精神的基本要求，重点对新时代劳动者精神的具体体现做了简述。

第一节　劳动精神的内涵理解

一、劳动精神的基本概念与科学内涵

（一）劳动精神的基本概念

劳动是发生在人与自然界之间的活动。其实质是通过人的有意识的、有一定目的的自身活动来调整和控制自然界，使之发生物质变换，即改变自然物的形态或性质，为人类的生活和自己的需要服务。劳动的内涵是指人类创造物质或精神财富的活动，从外延上看一切创造物质或精神财富的人类活动都属于劳动。马克思在《1844年经济学哲学手稿》中指出，

私有财产的主体本质，作为自为的存在着的活动，作为主体、作为个人的私有财产，就是劳动。这一论述揭示了劳动是人的一种实践活动的本质，这种实践活动是人自为的特有的活动，并能创造满足人需要的个人财富。恩格斯在《劳动在从猿到人转变过程中的作用》中指出，劳动和自然界在一起才是一切财富的源泉，自然界为劳动提供材料，劳动把材料转变为财富。但是劳动的作用远不止于此。劳动是整个人类生活的第一个基本条件，而且达到这样的程度，以至于我们在某种意义上不得不说：劳动创造了人本身。劳动是人类社会存在和发展的基本方式，是人类的本质特征。马克思分别从历史唯物主义、政治经济学和教育学三个维度，对劳动的价值进行全面阐释。从历史唯物主义角度出发，他阐明劳动创造了世界，劳动创造了历史，劳动创造了人类；从政治经济学角度出发，他揭示劳动是创造价值的唯一源泉；从教育学角度，他强调劳动是实现人的全面发展的重要途径。

精神主要是指人的情感、意志等生命体征和一般心理状态。劳动精神是劳动的本质属性，是对普通劳动者工作状态的基本要求，是人们在劳动过程中所表现出来的一种积极状态。对人们在劳动过程中所表现出来的这种积极状态按照时代的要求加以科学总结、高度凝练和理论提升，就成为这个时代的劳动精神。

劳动精神是社会主义核心价值观在劳动者身上的具体体现，主要包括爱岗敬业、勤奋务实、艰苦奋斗、创新创造、拼搏进取、淡泊名利、无私奉献等在劳动者身上体现出来的优秀品质和精神风貌，这就是劳动精神。从外延上看，一切符合时代要求、创造各种价值的勤奋劳动、诚实劳动、合法劳动和创造性劳动所体现出来的积极状态和优秀品质都属于时代劳动精神的范畴。

（二）劳动精神的科学内涵

劳动精神的提出，是党对我国广大劳动者伟大实践所做出的高度凝练和本质概括，是对马克思主义劳动观的再丰富、再创新、再发展，具有鲜明的中国特色。研究和把握劳动精神的重要内涵，对营造劳动光荣、劳动伟大的时代风尚，增强适应经济发展新常态下的内生动力，具有十分重大的理论意义和实践意义。

劳动精神的科学内涵可以从两方面来把握，一是劳动者伟大精神，二是劳动伟大精神，二者相辅相成，共同构成劳动精神的大厦。

1. 劳动者伟大精神

劳动，是劳动者的劳动；劳动者，是劳动的劳动者。没有劳动者就没有劳动，没有劳动也没有劳动者。人类历史发展的客观规律充分证明，劳动者是物质财富和精神财富的创造者，劳动者是在劳动中展示伟大风采的。

（1）劳动者至上

我国广大劳动者的伟大实践过程，就是党始终重视劳动者和劳动者始终奋发有为的良性互动过程。无论时代和条件怎么变，劳动者至上的精神没有变;无论怎样深化改革,劳动者至上的地位没有变。

(2)劳动者平等

在我国广大劳动者的地位是一律平等的,不存在谁高贵谁卑贱,哪个群体强、哪个群体弱的问题。

(3)劳动者可敬

每逢五一国际劳动节,我国都要举行隆重纪念活动,表达党和国家对广大劳动者的无比敬意。

2. 劳动伟大精神

劳动者之所以伟大,是因为他们所从事的劳动伟大。而无论所从事的是个体劳动还是集体劳动,都是由一个个过程组成的,可以说劳动是过程的集合体。合法合规合情合理的劳动过程才是我们所需要的,反之,有瑕疵、有问题的劳动过程是我们所坚决反对的。

(1)美丽劳动

马克思主义经典作家曾以赞赏的口吻说过:"思维是地球上最美的花朵",对劳动过程的美丽给予了高度肯定,并告诉我们一个深刻道理:不仅脑力劳动的过程是美丽的,体力劳动的过程也是美丽的。过程是精神的集中体现,我国的劳动过程具有很高的审美价值。歌曲《咱们工人有力量》表达的就是普通工人在劳动过程中体会到的力量之美。近年来广受欢迎的"寻找最美乡村教师""寻找最美邮递员""寻找最美职工"等活动,之所以有生命力和影响力,就在于它展示了劳动过程的美丽。即使劳动很辛苦、很波折、遭遇坎坷，但我国的劳动者还是引以为荣、引以为乐。弘扬"劳动精神"，就要在全社会形成劳动才美丽的基本共识，并内化于心、外化于行，付诸各个岗位的具体劳动之中。

（2）辛勤劳动

《左传》的名句："民生在勤，勤则不匮。"表明要求辛勤劳动，古已有之。中华典籍立论辛勤劳动的篇目不少，例如，《古文观止》中的《敬姜论劳逸》就记录了封建士大夫的母亲敬姜说的一句名言："劳则善心生。"可以说，勤劳是中华民族的优良传统，是独有的民族 DNA，靠着勤劳，中华民族屹立于世界民族之林，也靠着勤劳，创造了中国发展速度的神话。

（3）诚信劳动

在广大人民的劳动过程中，涌现出保定"油条哥"等许多诚信劳动的先进典型。之所以要大力弘扬诚信劳动，就是因为这是关乎劳动的生命线和秉持的底线、关乎劳动是否具有价值的大问题。无论付出多少辛劳，如果不是诚信劳动，这种劳动就是危害社会行为甚至是犯罪行为。

（4）创造性劳动

我们需要的劳动，不是按部就班、因循守旧的劳动，不是效率低下、高消耗低产出的劳动。我们需要的劳动，是对原有经验的积累、继承，并勇于无中生有、有中创优的劳动，是立足脚下、着眼世界、敢于和世界先进水平一拼高低的劳动。特别是在经济发展由数量速度型向质量效益型转变时期的经济新常态下，弘扬亿万劳动者创造性劳动精神尤为重要。就创造而言，对国家来说，每个劳动者如果都前进一小步，国家必定发展一大步。

（三）劳动精神的特点

劳动精神的特点主要体现在以下三个方面。

1. 劳动精神的主体是劳动者

劳动者拥有劳动精神，并树立劳动最光荣、劳动最崇高、劳动最伟大、劳动最美丽观念，这样才能得到全社会的尊重并实现自己的人生价值。

2. 劳动精神是在劳动过程中产生的

一个不参加劳动的人很难产生劳动精神。反之，劳动者只有在劳动过程中才能体验劳动的甘甜、锤炼劳动的品质、增强劳动的毅力、端正劳动的态度、树立劳动的信心。培养劳动精神也应该在劳动的过程中完成。例如，学校的劳动课、企业的劳动竞赛就是为了培养学生和职工的劳动精神而设立和开展的。

3. 劳动精神体现了劳动的目的

劳动精神反映了劳动的最高目的是创造美好生活尤其是美好人生。人世间的一切几乎都是劳动创造出来的。劳动可以创造财富更可以创造幸福，可以实现梦想、破解难题更可以成就生命甚至可以创造文明。马克思认为，劳动创造了人本身，劳动把人与动物区分开来，劳动的最终意义在于成就人。弘扬劳动精神是为了正确认识劳动的目的，回归劳动的本源，让每一位劳动者学会在劳动中发现自己、认识自己、认可自己、成就自己。只有在劳动中才会感受到自己的物质力量和精神力量，才能焕发出新的物质力量和精神力量。这就是劳动精神的价值，更是劳动的价值。

二、劳模精神、劳动精神与工匠精神

劳模精神、劳动精神、工匠精神一直以来受到社会各界的广泛关注。

劳模精神是每一位劳动者在平凡岗位上做出不平凡业绩所坚持坚守坚定的基本信念、价值追求、人生境界及其展现出的整体精神风貌。

爱岗敬业是本分，争创一流是追求，艰苦奋斗是作风，勇于创新是使命，淡泊名利是境界，甘于奉献是修为。做一个守本分、有追求、讲作风、担使命、有境界、有修为的人，是每一位劳模的精神风范，更是每一位劳动者应该追求的目标。

劳动精神是每一位劳动者为创造美好生活而在劳动过程中秉持的劳动态度、劳动理念及其展现出的劳动精神风貌。劳动是财富的源泉，也是幸福的源泉。人世间的美好梦想，只有通过诚实劳动才能实现；发展中的各种难题，只有通过诚实劳动才能破解；生命里的一切辉煌，只有通过诚实劳动才能铸就。

工匠精神是近年来的一个热点话题，也是学术界研究的一个重大课题。"弘扬劳模精神和工匠精神，营造劳动光荣的社会风尚和精益求精的敬业风气。"

工匠精神是每一位不甘于平庸的劳动者在平凡的工作中不断对自己提

出更高的要求,并不断自我提升、自我完善、自我超越,始终追求做更好的自己时所表现出的工作态度、工作习惯、工作境界及整体工作精神面貌。工匠精神意蕴深厚,不仅体现在对作品细节的注重、对完美品质的追求上,更体现在兢兢业业、一丝不苟、持之以恒的专注态度上。工匠精神可以概括为坚守执着、专业专注、自律自省、精益求精、一丝不苟、追求极致。从工匠精神的角度看,坚守执着是一个人的本分,专业专注是一个人的作风,自律自省是一个人的修为,精益求精是一个人的追求,一丝不苟是一个人的境界,追求极致是一个人的使命。

(一)劳动精神与劳模精神的关系

劳模精神和劳动精神的关系是部分和整体的关系。从主体上看,劳模精神的主体是劳模群体,劳动精神的主体是所有劳动者,而劳模群体是广大劳动者群体中的佼佼者和杰出代表,也是广大劳动者学习的榜样和楷模。劳模的本意也就是劳动者的模范。劳模群体是劳动者群体中的一部分。从这个意义上讲,劳模精神也是劳动精神的一部分。劳动精神是做一名合格的劳动者应该有的精神,劳模精神则是成为劳模必须有的精神。没有劳动精神,也很难有劳模精神。所以,劳动精神应该成为所有劳动者都必须拥有的精神,劳模精神也是所有劳动者都应该学习的精神。二者也是方向和基础的关系,劳模精神是方向,劳动精神是基础。

(二)劳动精神与工匠精神的关系

劳动精神和工匠精神是共性和个性的关系。劳动精神是所有劳动者的共性，每一位劳动者都应该有劳动精神。工匠精神则揭示了不甘于平庸的劳动者的个性，是成就优秀劳动者的必要条件。个性不仅是产品和企业的核心竞争力，也是劳动者的核心竞争力。这里所说的劳动者的个性主要是指劳动者在自我超越过程中彰显出的个人优势及其精神状态，也就是工匠精神。精益求精、追求极致是践行工匠精神的核心，也是成就杰出劳动者的根源。当然，如果工匠精神成就的劳动者不仅大大超越了过去的自己，也大大超越了别人，在企业、行业、全国乃至全世界都成为最优秀的劳动者，那么他就会成为别人学习的榜样和楷模，最终就会成为劳模，劳模精神也随之产生。

（三）劳模精神与工匠精神的关系

劳模精神和工匠精神的关系是外力和内力的关系。劳模精神是所有劳动者都应该学习的精神，是影响和引领每一位劳动者从平凡走向不平凡的外力，劳模精神从外部影响每一位劳动者学先进、做先进。工匠精神则是每一位劳动者都应该具有的精神，是激发和激励每一位劳动者不断自我挑战和自我超越的内力，工匠精神从内部唤醒每一位劳动者不断成为最好的自己。劳模精神是超越别人的精神，他们就是因为超越了很多劳动者脱颖而出。工匠精神是超越自己的精神，世上最大的对手不是别人，而是自己。工匠精神是让劳动者成为自己的"劳模"，劳模精神是让劳动者成为别人的"模范"。工匠精神点亮了自己的生命，劳模精神则照亮了别人的生命。

按照马克思主义的基本观点,劳动创造了人本身。劳动精神是成为人的精神,工匠精神是成为更加优秀的人的精神,劳模精神则是成为影响别人的人的精神。成为人、成为更加优秀的人、成为影响别人的人,这是一种逐步递进的关系。党和国家现在大力呼吁弘扬劳模精神、劳动精神、工匠精神,目的就在于让每一个人都热爱劳动,成为自食其力的劳动者,更要成为优秀的劳动者,甚至成为广大劳动者群体中的佼佼者和大家学习的榜样。

第二节　劳模精神的内涵

劳模精神感动、引导、激励着千千万万普通劳动者坚守信念、立足岗位、开拓创新、建功立业。深入考察劳模精神的丰富内涵,清晰阐释劳模精神的内在逻辑,准确判断劳模和劳模精神研究的学术方位,对解读劳模本质、探究劳模品格、宣传劳模价值和弘扬践行劳模精神,具有重要的理论价值和重大的实践意义。

一、劳动模范的定位

劳动模范是推进我国先进生产力发展和先进文化发展的代表,是当之无愧的时代领跑者。他们在不同的发展阶段,以忘我的献身精神,激励着一代又一代劳动者为祖国的繁荣富强而拼搏。

（一）劳动模范

1. 劳模是社会集合体

社会学家艾君在《劳模永远是时代的领跑者》一文中指出，劳模即劳动模范和先进工作者的简称。劳模，是一种饱含感情的符号；是一种能照亮人生、温暖人心的希望之光；是一种人理之伦、人生之道的"人文"；是一种价值"取向"，是一个时代的追寻脚步，是人生道德观念和价值取向；是一个时代精神符号和力量的体现。

2."劳模"的定语是一个"劳"字

用全国劳模申纪兰的话讲："劳模，劳模，不劳动还叫个甚劳模？"与金钱标准和权力标准相比，唯有诚实的劳动才是评选劳模的唯一标准。换句话说，劳模应该是"劳而优则模"。

3."劳模"的中心词是一个"模"字

"模"，体现了"示范""楷模"的价值导向，体现了榜样的作用，意义就在于让不同行业不同职业的人可近、可亲、可信、可学，引导全社会热爱劳动、尊重劳动。

（二）劳动模范的品格

1. 劳模品格展现中国智慧

劳模的品格是劳模的基本素质，它决定了劳模回应人生处境的模式，劳模的伟大品格表现为信念坚定、立场鲜明，艰苦奋斗、勇于奉献，胸怀大局、纪律严明，开拓创新、自强不息。"信念坚定、立场鲜明"指劳模所秉持的政治本色和理想信念;"艰苦奋斗、勇于奉献"指劳模作为最有觉悟性的群体以富国强民、民族复兴为己任,继承光荣传统,不怕艰难困苦,不畏风险挑战,勤劳坚韧、勇于担当,为国家发展进步做出巨大贡献;"胸怀大局、纪律严明"指的是劳模作为最有组织性的群体所继承的优良作风和博大胸襟;"开拓创新、自强不息"指的是劳模作为最有自觉性的群体所拥有的与时俱进、奋力拼搏的时代特征。

2. 劳模品格体现中国精神

劳动模范,是广大劳动者的先进代表,是最美的劳动者,是民族的精英、人民的楷模、时代的标杆。他们为人民事业埋头苦干、任劳任怨以及兢兢业业、一丝不苟的模范行动,为全国人民树立了光辉的榜样,铸就了爱岗敬业、争创一流和艰苦奋斗、勇于创新及淡泊名利、甘于奉献的伟大劳模精神。这种精神就是中国精神。

劳模应该满足四个条件:一是要有新思想;二是掌握新技能;三是拥有精益求精的工匠精神;四是要有民族和家国情怀。只有充满民族和家国情怀,把民族的振兴和国家的强大作为个人的奋斗目标和人生追求,个人的智慧才会迸发出来。

3. 劳模品格凝聚中国力量

"品格清于竹,诗家景最幽。"劳模的伟大品格,既反映了中国工人阶级的政治本色、价值取向、光荣传统和进取精神,又凸显着工人阶级的时代特征,是中国工人阶级先进性的具体体现,是对中华民族精神的继承和发展，是凝聚广大劳动者智慧力量、鼓舞全国各族人民团结奋斗的重要精神力量。这也是他们的政治品格。

（三）劳动模范的价值

1. 劳模是排头兵

劳动英雄和模范工作者"起了三个作用"，即带头作用、骨干作用和桥梁作用。劳动精神的重要性正在于它能激发出人的潜力，让劳动真正成为认识世界和改变世界的力量。

2. 劳模是引领者

劳动模范是每个时代劳动精神的典型化身，是引导广大学生培育践行社会主义核心价值观的宝贵财富和有效载体。劳动模范先进事迹和优秀品质具有巨大的感召作用。应充分发挥劳动模范和工匠人才的示范带动和价值引领作用，培养造就更多劳动模范、大国工匠，这对于全面提高产业工人素质，努力打造一支有理想守信念、懂技术会创新、敢担当讲奉献的宏大产业工人队伍，建设知识型、技能型、创新型劳动者大军，具有重要的社会价值。

3. 劳模是奋斗者

激励广大劳动群众争做新时代的奋斗者，就是要让实干担当在新时代蔚然成风，让改革创新在新时代焕发活力，让精益求精在新时代落地生根。

二、劳模精神的新内涵

（一）劳模精神

1. 劳模精神是人文精神

社会学家艾君认为，劳模精神折射出一个时代的人文精神，反映了一个民族在某一个时代的人生价值和思想道德取向；它简洁而深刻地展示着一个时代人的精神的演进与发展；它凝重而浪漫地体现着一个民族、一个时代的思想与情愫，展示着中华民族顽强拼搏、自强不息的崇高品格和与时俱进、开拓创新的精神风貌。

2. 劳模精神是主人翁精神

主人翁意识是劳模精神的内在本质，是正确认识和理解劳模精神的关键词。他们以自觉的、强烈的主人翁意识，以厂为家、以企为家、以国为家；以积极主动的岗位意识、职业意识、进取精神和创新精神，在本职工作中充分发挥积极性、主动性和创造性；以艰苦奋斗、淡泊名利、甘于奉献的精神；自觉把人生理想、家庭幸福融入国家富强、民族复兴的伟业之中。

3. 劳模精神是理想信念

劳模精神传承着中华优秀传统文化的基因，寄托着中国人民的理想和信念，也承载着每个人的美好愿景。劳模精神作为劳动模范的思想内核、行动指南和精神灯塔，成为推动时代前进的强大精神动力，充分体现了工人阶级先进性的主体地位，彰显了劳动者的伟大品格，推动了广大劳动者的成长进步。

（二）劳模精神的内在品格

1. 劳模精神的重要元素构成

劳模精神大体包括岗位意识、职业精神、进取精神、拼搏精神、创新精神、家国情怀和奉献精神等。集中体现为爱岗敬业、争创一流，艰苦奋斗、勇于创新、淡泊名利、甘于奉献的精神；强烈的主人翁意识和艰苦创业精神、忘我的劳动热情、良好的职业道德和爱岗敬业精神；特别是体现为团结协作的团队精神及对职业、对社会、对国家的道德感、责任感和使命感。

2. 劳模精神是工人阶级先进性的集中体现

在中国革命、建设、改革的各个历史时期，我国工人阶级都具有走在前列、勇挑重担的光荣传统，我国工人运动都同党的中心任务紧密联系在一起。劳动模范作为工人阶级的优秀代表，是时代的引领者，在工作生活中发挥了先锋和排头兵作用，他们以辛勤劳动、诚实劳动和创造性劳动，持续推动着社会进步、国家发展和民族复兴。劳模精神作为劳动模范的思想内核、行动指南和精神灯塔，成为推动时代前进的强大精神动力，充分体现了工人阶级先进性的主体地位，彰显了工人阶级的伟大品格，推动了工人阶级的成长进步。

3. 劳模精神是社会主义核心价值观的生动诠释

劳模精神作为民族精神和时代精神的重要内容，与社会主义核心价值观在文化传承、教育导向、爱国情怀、道德提升等方面相融相通。可以说,劳模精神是社会主义核心价值观的具象化、人格化和现实化。一方面,劳模是遵循社会主义核心价值观的典范样本,是社会主义核心价值观的模范实践者、生动传播者和最有说服力的检验者;另一方面,劳模之所以能够生成劳模精神、能够成为全社会学习的典范,一个重要原因就在于其主动自觉地遵循并践行了社会主义核心价值观。

(三)劳模精神的新内涵

1.劳模精神是劳动精神的积极呈现

劳模精神继承并发展了中华民族传统优秀的劳动观念,树立并彰显了一种辛勤劳动、诚实劳动、创造性劳动的新理念,营造并弘扬了一种劳动光荣、技能宝贵、创造伟大的时代风尚,生成并传播了一种劳动者至上、劳动者平等、劳动者可敬、劳动最光荣、劳动最崇高、劳动最伟大、劳动最美丽的劳动观。也正因为如此,劳动者才能通过自己的劳动,收获满足感、快乐感、尊严感,在创造丰富物质财富的同时,也拥有丰盈的精神世界。

2.劳模精神是民族精神的重要组成部分

作为中国精神的时代标志,劳模精神同样植根于中华文化和民族精神的沃土之中。一方面,劳模精神是民族精神核心要素的集中体现。劳模精神既体现了以爱国主义为核心的团结统一、爱好和平、勤劳勇敢、崇德尚礼、公而忘私的民族情怀,又体现了知行合一、自立自强的人生追求。

另一方面，劳模精神是民族精神创新发展的重要推动力量。劳模精神始终与时俱进，创新丰富了民族精神。一代又一代劳模，用自己的辛勤劳动、诚实劳动和创造性劳动，为民族精神注入新能量，不断丰富着民族精神的博大内涵。

3.劳模精神是时代精神的生动体现

劳模精神是引领时代新风的精神高地，生动体现了时代精神的精神实质、主要特征和重要内容。一方面，劳模精神具有鲜明的时代特征，是时代精神的生动体现。作为一种文化精神，劳模精神不是一成不变的，而是实践的、创新的、鲜活的、生动的存在，随着时代变迁而不断演变发展。另一方面，劳模精神推动了时代精神的发展，不断为时代精神注入新能量，凸显并丰富时代精神的内涵。面对新形势和新任务，需要更大的智慧与勇气啃硬骨头、涉险滩，需要不断增强团结一心的精神纽带，需要持续激发强大精神动力。

第三节　劳动精神对大学生成才的重要性

一、弘扬劳动精神的重要意义

劳动是成功的必由之路、创造价值的源泉。劳动教育是中国特色社会主义教育制度的重要内容，直接决定社会主义建设者和接班人的劳动精神面貌、劳动价值取向和劳动技能水平。

2020年3月20日，中共中央、国务院印发《关于全面加强新时代大中小学劳动教育的意见》（以下简称《意见》），强调劳动教育是中国特色社会主义教育制度的重要内容，就全面贯彻党的教育方针加强大中小学劳动教育进行了系统设计和全面部署。《意见》的出台，让全社会进一步认识到加强劳动教育的重要意义，有利于推动劳动教育与德育、智育、体育、美育相结合，更好地发挥劳动育人功能，促进学生形成正确的世界观、人生观、价值观。

"要在学生中弘扬劳动精神，教育引导学生崇尚劳动、尊重劳动，懂得劳动最光荣、劳动最崇高、劳动最伟大、劳动最美丽的道理，长大后能够辛勤劳动、诚实劳动、创造性劳动。""德、智、体、美"之外，为什么还要强调"劳"？动手实践、出力流汗的劳动教育，对一个人的成长意味着什么？事实上，挥洒劳动的汗水、体味劳动的艰辛，才能收获劳动的快乐，也才能真正理解劳动的内涵。

劳动教育具有树德、增智、强体、育美的综合育人价值。通过劳动教育，学生能够理解和形成马克思主义劳动观，牢固树立劳动最光荣、劳动最崇高、劳动最伟大、劳动最美丽的观念；体会劳动创造美好生活，热爱劳动，尊重普通劳动者，培养勤俭、奋斗、创新、奉献的劳动精神；具备满足生存发展需要的基本劳动能力，形成良好劳动习惯。实践证明，爱劳动、会劳动不仅不会耽误学习，反而能够促进学习，有助于人的全面协调发展。

面向未来，应当更加注重把劳动教育纳入人才培养全过程，贯通大中小学各学段。特别需要注意的是，一定要将劳动教育与智育区别开，防止用文化课的学习取代劳动教育。幼时启蒙劳动意识，感知劳动乐趣，体会劳动光荣；稍大时增加劳动知识技能，适当参加生产劳动；再大时增加职业体验，理解劳动创造价值……在个体成长成才的道路上，劳动教育不仅能提升就业创业能力，还有助于让受教育者树立正确择业观，涵养不畏艰辛、崇尚奋斗、甘于奉献的精神。

也应创造条件，实现劳动教育实施途径多样化，贯穿家庭、学校、社会各方面。对家长来说，应鼓励孩子自觉参与、自己动手，在衣食住行中掌握必要的家务劳动技能，让孩子从小养成爱劳动的好习惯。学校应开齐开足劳动教育课程，科学设计课内外劳动项目，采取灵活多样的形式，激发学生劳动的内在需求和动力。全社会都应注重发挥协同作用，开放实践场所，搭建活动平台，支持学生走出教室，动起来、干起来。

劳动创造美好生活。今天，人类劳动的形态已经发生了巨大变化，开展劳动教育也需与时俱进。以《意见》印发为契机，全面构建体现时代特征的劳动教育体系，广泛开展劳动教育实践活动，我们就一定能引导学生树立正确的劳动观，在劳动中提升综合素质、促进全面发展，努力成长为担当民族复兴大任的时代新人。

二、劳动教育对大学生成长成才的价值意蕴

《意见》指出，"劳动教育是中国特色社会主义教育制度的重要内容，

直接决定社会主义建设者和接班人的劳动精神面貌、劳动价值取向和劳动技能水平",要"把劳动教育纳入人才培养全过程""促进学生形成正确的世界观、人生观、价值观"。"青年兴则国家兴,青年强则国家强"。大学,是大学生世界观、人生观、价值观确立的关键时刻,劳动教育可以让大学生立足实践、认识世界、探索真理,不断完善自己。马克思认为,历史承认那些为共同目标劳动因而变得高尚的人是伟大的人,经验赞美那些为大多数人带来幸福的人是最幸福的人。当代大学生应不畏艰难、百折不挠、敢于担当,在劳动中增阅历、长才干、坚意志、熟技能、知荣辱、懂感恩,为美好的未来做好思想、信念、人格、品质上的准备。因此,大学生的劳动教育要落实立德树人根本任务,把握育人导向,遵循教育规律,培养出为人民大众劳动、为党为国家奉献的新青年。

(一)劳动教育肩负着大学生世界观的培育功能

"全部社会生活在本质上是实践的。"物质生产实践是人类最基本的实践,其中的劳动实践则是我们生产和发展最重要的实践形式之一。恩格斯指出,"劳动是整个人类生活的第一个基本条件,而且达到这样的程度,以致我们在某种意义上不得不说:劳动创造了人本身"。正确理解"劳动创造了人本身"这一哲学命题,可以使青年大学生了解世界、认识自我、认知劳动,树立马克思主义劳动观。通过劳动教育,广大青年学生可以更加深刻地理解劳动的本质、价值和方式,认清劳动与社会发展的关系,以科学理性的态度对待劳动、劳动者、劳动方式。通过劳动教育,可以让青年学生在了解自然、认识世界的同时，也了解劳动在社会发展进程中的重大作用，加深广大青年学生对社会历史发展的理解，最终形成正确的新时代劳动价值观。劳动观决定劳动态度，劳动态度影响劳动者的精神面貌。通过劳动教育，有助于大学生养成踏实、勤奋、严谨的劳动品质，使其在劳动实践中成长、成才。作为进入社会前的最后一站，大学的劳动教育可以帮助青年学生正本清源，反求诸己，思考如何才能紧跟时代、夯实基础、服务社会，真正成为社会主义事业的建设者和接班人。

（二）劳动教育肩负着大学生人生观的造就功能

劳动光荣，创造伟大。大学生应该树立以劳动为基础、以知行合一为取向的人生观。当代大学生知识丰富、视野开阔、思维活跃，但是也有个别大学生缺乏劳动、拈轻怕重、浮躁懒惰、耽于幻想，只是学习了一些书本知识，没有实践的检验，缺乏劳动的锻炼，这样的精神面貌和价值取向，使得加强大学生的劳动教育迫在眉睫。大学生劳动教育，一方面要使大学生通过对劳动意义的学习，坚定劳动的信念；通过对劳动规律的学习，掌握劳动的方法；通过劳动规章的学习，遵守劳动的纪律。另一方面要鼓励大学生走向田间地头，走向工厂社区，以人民群众为师，以公共服务为业，实现知行合一的真正的劳动实践。马克思说："我的劳动是自由的生命表现，因此是生活的乐趣。"要着眼新时代发展的特点，结合大学生思想观念的实际情况，依托大学的教育资源，和社会密切合作，引领大学生努力劳动、艰苦奋斗，深刻理解空谈误国、实干兴邦的道理，树立通过劳动中的知行合一实现真正幸福的人生观。大学生对幸福的理解决定了大学生以后的成长道路和成才方向,也决定着大学生将来对社会的奉献程度,只有通过劳动教育和劳动实践,培养正确的幸福观和择业观,才能使大学生形成优秀的人格、品质、意志,形成坚定的符合社会主义核心价值观的思想和精神面貌。

(三)新时代劳动教育承载着大学生价值观的教化功能

人民创造历史,劳动开创未来。通过劳动教育可以更加坚定大学生的社会主义信念。劳动是中国人民的本色,在中国特色社会主义制度下,劳动者主体通过劳动实现物质文明和精神文明的进步,获得自由与发展,也必将通过劳动实现中华民族伟大复兴。劳动教育可以帮助大学生深刻理解参与社会主义劳动的意义和价值,培养他们身体力行、踏实奋进的劳动品质。大学生劳动教育有助于培养大学生勤俭、奋斗、创新、奉献的劳动精神;培养他们服务社会、服务他人的奉献情怀和服务意识,培养他们通过劳动实践磨炼意志、砥砺品格进而实现人生价值的能力,最终通过劳动将大学生培养成为为人民服务的骨干。

中国特色社会主义大学培养的是社会主义建设者和接班人,大学生不仅要在德、智、体、美上成为优秀的时代新人,也必须从劳动中体验生活的本质,了解社会责任,明确奋斗方向。新时代大学生要在劳动中展现精神面貌,在劳动中修正价值取向,在劳动中提高技能水平,为实现美好生活给自己定目标、加任务、压担子。在新时代,大学生劳动教育要育人优先、遵循规律、着力创新,培养大学生树立马克思主义劳动观,引导大学生树立辛勤劳动、诚实劳动的理念,让劳动光荣、创造伟大成为铿锵的时代强音。

第四节 劳动精神、劳模精神的基本要求

工匠精神是劳模精神的重要构成要素,也是劳模精神当代品格的核心体现,工匠精神为当代劳模注入新内涵。我们应该一方面理解工匠精神的科学内涵,另一方面认识到工匠精神与劳模精神的内在关系和所体现出的时代特色。

一、劳模精神的核心要素是工匠精神

(一)工匠精神的提出

工匠精神主要包括爱岗敬业的职业精神、精益求精的品质精神、协作共进的团队精神、追求卓越的创新精神这四方面的内容。其中,爱岗敬业的职业精神是根本,精益求精的品质精神是核心,协作共进的团队精神是要义,追求卓越的创新精神是灵魂。

(二)工匠精神是劳模精神的核心要素

1. 工匠精神和劳模精神的本色相融

从本质上讲,工匠精神是一种基于技能导向的职业精神,它源于劳动者对劳动对象品质的极致追求,它具有精益求精、专注执着、严谨慎独、

创新创造、爱岗敬业及情感浸透、自我融入的基本内涵，既表现了极致之美的品质追求，又体现了敬业之美的精神原色，更展现了创造之美的价值升华。劳模精神与工匠精神的共同特质，就是干一行、爱一行、专一行、精一行。这是劳动模范和先进工作者的本色与优势。

2. 工匠精神是劳模精神的重要构成要素

劳模精神的主体是劳模，工匠精神的主体是每一位不甘于平庸的劳动者，二者都充分凸显了劳模精神爱岗敬业、精益求精、追求卓越的精神品质和价值导向，可以说工匠精神是对劳模精神的重要深化和丰富发展，也是劳模精神当代品格的核心体现，因为劳模工匠精神的核心就是专注执着、精益求精的工匠精神。

3. 劳模的本色凸显工匠精神

在建设社会主义创新型国家和崇尚科技创新的时代，工匠精神就是爱岗敬业、严谨做事、精益求精、追求完善，体现为对技术精益求精的专业精神、高度认真和无私奉献的敬业精神、敢为人先和勇于探索的创新精神。在劳动模范和先进工作者身上，劳模精神与工匠精神是高度契合的。在劳动模范身上体现的劳模精神，就是爱岗敬业、争创一流，艰苦奋斗、勇于创新，淡泊名利、甘于奉献的精神。

（三）弘扬劳模精神和工匠精神的战略意义

从本质上讲，工匠精神是一种基于技能导向的职业精神，它源于劳动者对劳动对象品质的极致追求，它具有精益求精、专注执着、严谨慎独、创新创造、爱岗敬业以及情感浸透、自我融入的基本内涵，既表现了极致之美的品质追求，又体现了敬业之美的精神原色，更展现了创造之美的价值升华。

无论是劳模还是工匠，都是我国劳动阶层千百年来形成的职业精神的生动体现。弘扬新时代劳模精神和工匠精神，不仅需要正确认识新时代劳模精神和工匠精神的科学内涵，而且需要正确处理二者之间的关系，更重要的是要把弘扬劳模精神和工匠精神落实到各项工作中，有力推动新时代各项工作。

二、劳模精神与工匠精神之间的新关系

新时代劳模精神和工匠精神的新内涵既有着不同的要求，又有着密切的联系。

（一）劳模精神与工匠精神相通相融

劳模精神和工匠精神都是以爱国主义为核心的民族精神和以改革创新为核心的时代精神的生动体现，两种精神互相融合、相得益彰。工匠的职业操守、精益求精、敬业奉献精神与劳模的辛勤劳动、诚实劳动、创造性劳动精神交相辉映，以劳动光荣的社会风尚和精益求精的敬业风气为核心，共同体现了社会主义核心价值观的内在要求，体现了"富强""文明"的国家价值目标和"敬业""诚信"的个人价值准则。

从历史发展来看，劳模精神和工匠精神相得益彰，在融合中共同体现了社会主义核心价值观的内在要求，体现了本土性与普适性、先进性与

广泛性的辩证统一。从文化渊源来看,劳模精神和工匠精神都继承了中华优秀传统文化中劳动文化的精髓,具有共同的文化底蕴;都立足于职业岗位,取得了突出业绩,做出了重要贡献,具有共同的价值导向。从服务社会的实践来看,劳模精神和工匠精神都是用个人的劳动实践阐释了劳动的境界,练就了卓越技能,具有共同的价值实现。

(二)劳模精神和工匠精神是内外之合力

劳模精神和工匠精神的关系是外力和内力的关系。相较于劳模精神的本土性而言,工匠精神所植根的人类历史更长,语境也更丰富。在人类漫长的历史长河中,从农业文明刀耕火种到工业文明机械加工,人类对工匠精神的追求永不止步。

劳模精神是所有劳动者都应该学习的精神,是影响和引领每一位劳动者从平凡走向不平凡的外力;劳模精神是照亮了别人的生命、超越别人的精神,它从外部影响每一位劳动者学先进、做先进,让劳动者成为别人的模范。

工匠精神则是每一位劳动者都应该具有的精神,是激发和激励每一位劳动者不断自我挑战和自我超越的内力;工匠精神是点亮自己的生命、超越自己的精神,从内部唤醒每一位劳动者不断成为最好的自己的自觉,是让劳动者成为自己的劳模。

工匠精神是对劳模精神的新诠释,也是劳模精神的集中体现。事实上,我们比历史上任何一个时期都更呼唤工匠精神,它所凸显的精益求精、追求卓越的精神品质，完全契合当前提升劳动者素质和职业技能的客观要求，是全社会必须补齐的短板。

（三）工匠精神孕育劳模精神

工匠精神揭示了不甘于平庸的劳动者的个性，是成就优秀劳动者的必要条件。没有工匠精神的劳动者很难有出色的成就和骄人的业绩。精益求精、追求极致是践行工匠精神的核心，也是成就杰出劳动者的根源。如果工匠精神成就的劳动者不仅大大超越了过去的自己，也大大超越了别人，在企业、行业、全国乃至全世界都成为最优秀的劳动者，那么，他就会成为别人学习的榜样和楷模，最终会成为劳模，劳模精神也随之产生。

工匠精神孕育劳模精神，经历"尚巧""尚精""道技合一"三个阶段。"尚巧"，就是追求技艺之巧；"尚精"，是追求技艺的精湛；"道技合一"，则需通过技艺领悟"道"的真谛，从而实现创造之美的升华。工匠精神有三个层次，第一个层次是"工"，处于学徒阶段。第二个层次是"匠"，是可以做到精益求精的大师级别。第三个层次是"良匠"，这是顶级的工匠。既要追求速度也要追求质量，只有良匠才能达到既快又好。

中国制造正向中国创造转轨，适应新常态呼唤创新驱动，大众创业、万众创新掀起热潮；为建设知识型、技能型、创新型劳动者大军，为我国向制造强国转变、推动经济转型升级提供强大人才支撑，都需要我们的劳动者追求品质提升，都需要我们的"匠心独具"。拥有一流的心性，才有一流的技术；用心追求极致，才能收获创造之美。

三、弘扬劳动精神、劳模精神的要求

（一）以劳模精神为重要手段，培育时代新人

一方面，劳模精神作为社会主义核心价值观的生动体现，更容易为人们所理解，更容易为人们所接受，更方便为人们所模仿，将对培育时代新人起到重要推动作用。另一方面，通过强化教育引导、舆论宣传、文化熏陶、实践养成、制度保障，培养和造就具有劳模精神的时代新人，就能够激发广大劳动者干事创业的积极性、主动性和创造性。因此，要紧密围绕培养时代新人这个重大命题，在全社会特别是各级学校教育中培育、弘扬和践行劳模精神，引导全社会特别是青少年树立正确的劳动价值观，全面提升劳动者的整体素质和精神品格。

（二）以劳模精神为重要支撑，坚定文化自信

一方面，劳模精神是中国特色社会主义文化的重要组成部分，始终贯穿于建设中国特色社会主义文化的全过程。劳模精神植根于中华民族劳动过程特别是中国特色社会主义伟大实践，充分继承并发展了中华优秀传统文化和社会主义先进文化。另一方面，弘扬和践行劳模精神，有助于坚定文化自信，推动社会主义文化繁荣兴盛。弘扬和践行劳模精神，有助于牢牢把握意识形态工作领导权，有助于培育和践行社会主义核心价值观，有助于加强思想道德建设，有助于促进中国特色社会主义文化繁荣发展。

（三）以制度为保障，弘扬劳模精神和工匠精神

弘扬劳模精神和工匠精神，需要提供制度保障。通过制度性安排，鼓励劳动者学习专业知识，参加技术培训，努力掌握新知识、提高新技能、增长新本领，以工匠精神打磨"中国品牌"，助推产业转型升级。通过一系列制度鼓励全社会大力弘扬劳模精神、工匠精神，尊重劳动、尊重知识、尊重人才、尊重创造，让劳模光荣、知识崇高、人才宝贵成为时代主旋律，形成学习劳模、崇尚劳动、学习技能、崇尚工匠的社会风尚，让劳模精神与工匠精神有机融合，铸就伟大的时代精神。

第五节 劳动精神、劳模精神的具体体现

一、坚持弘扬劳模精神、劳动精神、工匠精神的核心价值

劳模精神、劳动精神、工匠精神是广大劳动群众在从事社会生产的劳动实践中锤炼形成的，是工人阶级和广大劳动群众弥足珍贵的精神财富。爱岗敬业、争创一流、艰苦奋斗、勇于创新、淡泊名利、甘于奉献的劳模精神，是工人阶级伟大品格的具体体现，生动诠释了社会主义核心价值观，丰富了民族精神和时代精神的内涵，是激励全国各族人民团结奋斗、勇往直前的强大精神力量。劳动精神是关于劳动的理念认知和行为实践的集中体现，在理念认知上表现为全社会尊重劳动、崇尚劳动、热爱劳动；在行为实践上表现为劳动者辛勤劳动、诚实劳动、创造性劳动。工

匠精神包括职业技能、职业素养、职业理念等多个层次，是一种钻研技能、精益求精、敬业担当的职业精神。

榜样的力量是无穷的，要在全社会贯彻尊重劳动、尊重知识、尊重人才、尊重创造的重大方针，大力宣传劳动模范和其他典型的先进事迹，引导广大人民群众向劳模学习，以劳模为榜样，把劳模精神、劳动精神、工匠精神作为勇往直前的精神力量，树立辛勤劳动、诚实劳动、创造性劳动的理念，营造劳动光荣的社会风尚和精益求精的敬业风气，让劳动最光荣、劳动最崇高、劳动最伟大、劳动最美丽蔚然成风，让全体人民进一步焕发劳动热情、释放创造潜能，不断谱写新的劳动者之歌。

二、新时代劳动精神的具体体现

通过新时代劳动教育，旨在教育引导学生理解并形成马克思主义劳动观，牢固树立劳动最光荣、劳动最崇高、劳动最伟大、劳动最美丽的观念；体会劳动创造美好生活，体认劳动不分贵贱，热爱劳动，尊重普通劳动者，培养勤俭、奋斗、创新、奉献的劳动精神；提高生存发展需要的基本劳动能力，形成良好的劳动习惯。新时代劳动精神具体体现在以下五个方面。

（一）爱岗敬业、争创一流

伟大的社会主义事业由千万个平凡朴素的岗位所组成。每一个岗位都在社会经济活动中有着不可或缺的地位和作用。一切非凡的成就，都是从"爱岗敬业"开始的。只有热爱本职工作，忠于职业操守，以强烈的事业心、责任感、荣誉感，认真负责、精益求精、争创一流，才有可能在平凡的岗位上持久耕耘，做出一流成绩。"大国工匠"李万君就是具有爱岗敬业、争创一流劳动精神的典型代表，他是中车长春轨道客车股份有限公司一个普通的电焊工，凭着一腔热爱和责任心，长期坚守在轨道客车转向架焊接岗位，刻苦钻研、攻坚克难，掌握了高铁转向架焊接领域的世界一流技术，为我国高铁技术做出重大贡献。

1. 爱岗敬业是劳模精神的本分

爱岗敬业是爱岗与敬业的总称，是职业道德要求，是劳模精神的基础。爱岗和敬业，互为前提、相互支持、相辅相成。"爱岗"是"敬业"的基石，"敬业"是"爱岗"的升华。爱岗就是热爱自己的工作岗位，热爱本职工作；敬业是要用一种恭敬严肃的态度对待自己的工作，是对职业的敬畏和热爱而产生的尽职尽责的职业精神状态。敬业可分为两个层次，即功利的层次和道德的层次。

2. 争创一流是劳模精神的灵魂

争创一流是必须立足本职、爱岗敬业的职业精神，做自己爱做的，爱自己所做的。发扬中华民族"敬业乐群""忠于职守"的传统美德，敬业是中国人的传统，也是当今社会主义核心价值观的基本要求之一。工作中始终要"执事敬""事思敬""修己以敬""专心致志，以事其业"。"干一行，爱一行；钻一行，精一行"，劳动者要不断追求一流的技术水平，干出一流的工作业绩，创造一流的工作效率，努力服务于社会、服务于人民；以追求卓越的进取精神，争做改革发展的推动者、社会和谐的促进者，以勤奋劳动成就梦想、以诚实劳动铸就辉煌、以创造劳动续写荣光。

3.正确处理职业理想与理想职业的关系

爱岗敬业是一种工作态度，更是工作能力的体现；不仅是个人生存和发展的需要，也是社会存在和发展的需要。一份职业、一个工作岗位，是一个人赖以生存和发展的基础保障，也是人类社会存在和发展的需要。

首先，要树立一个长远而又切实的职业理想，"在选择职业时，我们应该遵循的主要指针是人类的幸福和我们自身的完美""选择最能为人类福利而劳动的职业"。其次，理想职业必须以个人能力为依据，超越客观条件去追求自己的所谓理想，是不现实的。这就要求大学毕业生在选择职业之前一定正确评价自己，给自己一个合理的定位。最后，要正确认识职业理想与现实的关系，只要你的职业理想符合社会需要，而自己又确实具备从事那种职业的职业素质，并且愿意不断地付出努力，迟早有一天能够实现自己的职业理想。

(二)艰苦奋斗、勇于创新

艰苦奋斗是一种勇于创新的精神，更是赋予创新创造的伟大实践。伟大事业"始于梦想""基于创新""成于实干"。"道虽迩，不行不至；事虽小，不为不成。"要"不畏浮云遮望眼"，敢于迎难而上，以坚韧不拔的奋斗精神，创造出实实在在的业绩；要自强不息，开拓奋进，在任何时候都不懈怠，不涣散奋斗意志，努力创造出无愧于时代、经得起实践检验、为人民群众所称赞的工作业绩；要形成人人讲艰苦奋斗的良好氛围，把艰苦奋斗精神一代一代传承下去。

我们要勇于创新劳模精神的禀赋，创新是实现中华民族伟大复兴中国梦的引擎和强大动力。奔驰大地的复兴号、飞架三地的港珠澳大桥、九天揽月的嫦娥四号、服务全球的北斗系统……它们都是不断探索创新的结晶，是"中国创新"再结硕果的集中展现，也是劳模精神的具体体现和缩影。

广大劳动者要拿出"逢山开路、遇水架桥"的精神攻坚克难，培养创新意识，强化创新思维，在变革中勇于创新，在创新中赢得未来。要努力成为各行各业的行家里手，开发新产品、推广新技术、应用新工艺，让创造、创新、创业的智慧竞相迸发，当好推动创新发展的"主力军"，用更多创新成果照亮人民群众的美好生活，用创新突破推动中华民族伟大复兴。

（三）淡泊名利、甘于奉献

甘于奉献的精神源自内心崇高而坚定的信仰。只有始终不渝地坚守自己的初心和信念，始终坚持维护人民和国家的利益，才能做到不计个人厉害、不计一时得失。淡泊名利，不是不要名利，而是要超越名利；心中所追求的比个人物质的得失更加宝贵、更加重要。甘于奉献，不是没有自我，而是心有大我。只要人民和国家有需要，愿意随时奉献自我、随时抛开个人得失。

1. 淡泊名利是劳模精神的境界

淡泊名利是一种境界。"淡泊"是一种古老的道家思想，是重义轻利的道德准则，即不注重外在的名声与利益，不追求名利。淡泊并不是力不能及的无奈，也不是心满意足的自赏，更不是碌碌无为的哀叹，淡泊就是超脱世俗的诱惑和困扰，实实在在地对待一切，豁达客观地看待一切的生活。一个秉持淡泊心态的人，会少了贪欲，多了清廉；少了争斗，多了内省；少了计较，多了奉献。弘扬劳模精神就要做到计利国家、无私忘我，在祖国最需要的地方艰苦奋斗、建功立业，在平凡的岗位上苦干实干、创造实绩。诸葛亮在《诫子书》里说过："夫君子之行，静以修身，俭以养德，非淡泊无以明志，非宁静无以致远。"淡泊名利，是弘扬劳模精神的重要方面。

2. 甘于奉献是劳模精神的底色

一个国家、一个民族的生存和发展，需要千千万万个脚踏实地的行动者和默默耕耘的奉献者。无私胸襟、奉献精神是一笔弥足珍贵的精神财富。把淡泊名利、甘于奉献转化为自己的信念动力，融入自觉行动，争做不务空名的行动者和兢兢业业的奉献者，在工作岗位上潜心修炼，坚持工匠精神，在面对荣誉时，做到"功成不必在我，功成必定有我"的精神担当，为社会主义事业的发展奉献自己的力量。

奉献精神是劳模自我发展的动力源泉，把"淡泊名利、甘于奉献"作为立身之本、为人之道、成事之要，准确把握"小我"和"大我"的关系，夙夜在公、勤勉工作，以奋斗者的姿态谱写新时代劳动之歌，用辛勤劳动创造中国人民的美好生活、中华民族的美好未来。

3. 淡泊名利、甘于奉献

淡泊名利、甘于奉献是中华民族精神的重要组成部分，是劳动模范应有的精神追求。我国优秀的传统劳动文化为劳模精神的形成注入了民族文化基因，让劳模精神成为创造民族辉煌的根本力量和推动民族继续向前发展的精神支柱。同时，劳模精神又是对中华优秀传统文化中生生不息崇劳厚生精神因子的继承与阐发。弘扬劳模精神就是以出世的态度为人处世，不计得失、坦坦荡荡；以入世的态度做事履职，兢兢业业、恪尽职守。其所思所行，见贤思齐、崇德向善，为推动国家发展、社会进步贡献智慧和力量，让人生更加璀璨纯粹。

（四）忠于职守、时刻担当

忠于职守，就是坚持职业操守，履行岗位责任，尽心竭力、善始善终、善作善成。时刻担当，就是要做到始终坚持党的原则第一、党的事业第一、人民利益第一，敢于旗帜鲜明，敢于较真碰硬，忠诚履责、尽心尽责、勇于担责。

中华儿女用辛勤的劳动创造了中国灿烂的历史文化，锻造了中国人朴实、勤奋的优秀品格。这一品格始终贯穿于社会生产的发展和实践当中，不断推动生产力的进一步发展，艰苦奋斗、甘于奉献、不为名利的劳动精神也在历史文化中熠熠生辉。

第七章　勤工助学劳动教育与实践

勤工助学是高校学生资助工作的重要组成部分。教育部在《高等学校学生勤工助学管理办法（2018年修订）》中将勤工助学定义为"学生在学校的组织下利用课余时间，通过劳动取得合法报酬，用于改善学习和生活条件的实践活动"。勤工助学是对学生进行劳动教育、提升综合素质和资助家庭经济困难学生的重要措施，是资助与育人并举、实现"三全育人"的重要途径。本章将对勤工助学的概念、意义、岗位设置情况进行介绍，并结合高校学生的实际情况对正确处理勤工助学与学习间的关系进行探讨。

第一节　勤工助学概述

一、勤工助学的概念

勤工助学包含"勤工"与"助学"两个要素，其中"助学"又包含对完成学业进行"资助"和"帮助"两重含义。家庭经济困难的学生通过参与学校组织的劳动或服务，通过自己付出的劳动换取一定的报酬，以缓解经济压力，安心学习。在此基础上，学生综合素质得到提升，人格得以健全，心理健康发展，职业基本素质的培养也得到了促进。

勤工助学又曾被称为"勤工俭学"，意为勤于工作、俭以求学，即依靠勤恳的工作和俭朴的生活赚取经济收入以保障学业完成。勤工俭学最早始于20世纪初，这一时期的勤工俭学是为了解决求学所需要的经济问题，是当时部分先进知识分子所主张的生活和学习方式。

中华人民共和国成立后，勤工助学以坚持学习和生产劳动相结合的主线，经历了三个发展阶段。"勤工"与"助学"之间的关系随着社会环境中实践的变化而不断变化。

中华人民共和国成立初到20世纪70年代末的勤工俭学主要以"参加社会主义劳动的形式"体现，以体力劳动和脑力劳动相结合进行人才的培养，这一阶段重视"无偿劳动，获取精神收获"，并开设劳动技术课、建立劳动基地为勤工助学创造条件，在培养热爱劳动和勤俭美德方面做出了重大贡献。

20世纪80年代开始，勤工俭学逐渐改为勤工助学，开始了以"济困"为主要目的的勤工助学阶段，其内涵也日渐丰富，专业学习与能力培养相结合，勤工助学从无偿劳动转变为按劳取酬，向非直接给予性资助转变。

20世纪90年代初，勤工助学进入了"济困与成才相结合的社会实践"阶段。该阶段为了规范20世纪80年代末社会经商热潮对校园的影响，按照国家教委的要求，各高校逐步调整和实践，将勤工助学作为高校学生工作的重要内容之一，在组织、制度和规范上有了更多的进步，勤工助学的岗位类型也更加丰富，勤工助学的经济收入也有了增长；同时，在市场经济条件下社会对人才提出了更加综合和全面的要求下，勤工助学在培养人的意志品质、增长技能知识、培养职业素养等方面发挥了重要的"育人"作用。随着资助育人理念的不断完善，"勤工"对"助学"的促进作用不只停留在经济的资助上，同时也在帮助学生完成学业、提升综合能力方面发挥着重要的作用。

20世纪90年代以来，我国高等教育蓬勃发展，高校招生规模不断扩大，高等教育呈现从精英教育转向大众教育的趋势，越来越多的学生有了进入大学学习的机会。与此同时，高校学生中贫困生的人数和占比也在不断提高。1994年起，国家教委、财政部发文要求各高校设立勤工助学基金，使高等学校勤工助学活动具有稳定、可靠的经费来源，以保障贫困学生得到有效资助，帮助其顺利完成学业。在此基础上，高校勤工助学逐步走向经常化和规范化，勤工助学作为高校中"奖、助、贷、勤、补、免"为主体的多元资助体系中唯一的非直接给予性资助，成为高校资助体系中的重要力量。

从历史发展的角度看，勤工助学与文化和教育保持着密切的联系，在各个时期都具备教育功能和实践功能。当前，勤工助学逐渐成为贫困学生通过劳动改善生活现状、在保障完成学业的基本经济条件下在工作实践中提升综合素质的主要方式之一。在资助育人理念的指导下，勤工助学的资助与育人的双重目标被进一步强调，勤工助学不仅是贫困学生减轻家庭经济负担的途径，也成为他们锻炼综合能力、提升专业技能的有效方式。高校建立大学生社会实践保障体系，探索实践育人的长效机制，建立与专业学习相结合、与服务社会相结合、与勤工助学相结合、与择业就业相结合、与创新创业相结合的管理体制，增强社会实践活动的效果，培养大学生的劳动观念和职业道德，在勤工助学中培养学生的劳动意识和自强自立精神。根据国家勤工助学政策，各高校均制定了勤工助学相关政策规定和管理办法，根据社会对人才需求的特点以及高校勤工助学的发展实际积极探索勤工助学有效形式，使勤工助学成为高校人才培养、思想教育和大学生社会实践活动的有效载体，成为高校重要的常规工作，在帮助学生成长、成才方面发挥着重要的作用。

二、勤工助学的特点

（一）组织计划性

勤工助学由高校统一组织和管理，是在学校相关管理部门的组织和协调下开展的。勤工助学的参与者是高校在校学生，只有在学校的有效组织和管理条件下，才能更好地实现经济资助和个人成才的双重目标，推动高校全面育人工作的开展。

高校勤工助学工作的日常管理由学校设立的专门的勤工助学管理服务机构负责，主要开展对勤工助学活动的指导和管理，对勤工助学的经费进行筹措和管理，对学生参与勤工助学进行培训、服务等工作。

勤工助学是有计划、有序开展的。对学校来说，勤工助学是一项长期工作，需要结合设岗部门、教学、行政和后勤管理的实际，共同建设和完善勤工助学工作相关的管理制度。对参与勤工助学活动的学生来说，对岗位的选择、工作的计划安排也必须与自身的学业相结合，做到从实际出发，科学规划。

（二）育人协同性

作为学校育人工作的一部分，勤工助学与人才培养模式和育人目标相适应，与学生个人成长成才相结合，与专业教育、思想教育、综合素质教育相协同。勤工助学一方面解决了困难学生的生活经济问题，另一方面促进了学生的德、智、体、美、劳全面发展。在帮助完成学业教育的过程中，"勤工"是方法，"助学"是目的。学校在勤工助学岗位的设计上，应当注意工作内容与实践教育、学业教育的相关联和相协同。

在勤工助学的学生的管理、引导方面，要注意培养学生正确的人生观、价值观，引导他们树立正确的劳动观念，培养学生自强自立的精神和坚韧不拔的品格，同时协调好勤工助学与学校正常教学的安排，避免因勤工助学活动妨碍正常的教学和管理。

（三）类型多样性

在各个发展时期，勤工助学随着社会经济环境的变化而表现出了不同的内涵，大学生可以根据自身的特点和学习安排选择合适的勤工助学方式。社会的发展给勤工助学提供了更多类型的岗位，当前，在传统的以劳务型、智力型岗位为主的基础上，出现了管理型、技术型等多种与学校和社会现实相互适应的岗位类型。岗位类型的丰富也进一步拓展了勤工助学的参与方式和内涵，影响着勤工助学的育人效果。

三、参与勤工助学前的准备

（一）获取信息

在参与勤工助学活动前，大学生可以通过勤工助学信息渠道了解岗位情况及岗位需求。高校的勤工助学管理部门大多设有官方网站、微博和微信公众号，用于公开发布勤工助学信息，选拔和招聘合适的学生助理。大学生也可以通过院（系）学生工作部门了解学校相关用人部门的需求。

（二）思想准备

勤工助学与求职不同，大学生在参与勤工助学活动之前应当明确参与目的，将勤工助学视为改善经济条件、积累实践经验的机会。要根据实际选择合适的勤工助学岗位，避免过分追求经济报酬。在参与勤工助学前，应正确认识个人长处和短处，根据个人实际情况选择与自己能力相近的应聘目标，避免盲目自信或过分自卑，以正确的目标和良好的心态对待工作，方能走上勤工助学的正轨。

此外，在参加勤工助学面试前，还应消除紧张心理，提前练习自我介绍和应聘面试技巧，掌握岗位需求，树立自信，积极应对。

（三）科学计划

在规划和参与勤工助学活动时，大学生首先要充分考虑学业课程，科学合理地安排工作时间；其次要明确清楚岗位职能，根据自身实际选择合适的岗位；最后要注重在劳动中培养个人综合素质，有目的地提高自身能力与修养。尽力做到正确处理勤工助学与学业之间的关系，正确处理改善经济现状和个人成长成才之间的关系，让勤工助学活动与生活、学习安排相互协调，互利并进。

第二节　勤工助学的意义

扶志以自强，扶智以自立，在高校大学生的资助和育人工作中，"扶贫+扶志+扶智"同样具有很强的现实指导意义。在发展性资助理念的指引下，高校勤工助学便是践行"扶贫+扶志+扶智"要求不可或缺的发展性资助育人方式，对完善高校发展型资助育人体系，以实践促进学生健康成长成才具有重要意义。

一、完善资助体系，实践扶困助学

勤工助学是学校学生资助工作的重要组成部分，是扶贫助困的重要方式。党和国家十分重视学生资助工作，随着我国高等教育改革的不断深化，为保证学生不会因贫失学，我国在本、专科生教育阶段建立了国家奖助学金、国家助学贷款、勤工助学、困难补助、学费减免、学费补偿贷款代偿、新生入学资助、"绿色通道"等多元混合的资助政策体系。在这些资助措施中，勤工助学按照"学有余力、自愿申请、信息公开、扶困优先、竞争上岗、遵纪守法"的原则，组织学生利用课余时间通过劳动取得合法报酬，用于改善自己的学习和生活条件。由此可见，勤工助学是帮助大学生扶困助学的重要方式，是高校资助政策体系的重要组成部分，对完善高校发展性资助育人体系具有积极的推动作用。

学生在参与勤工助学活动的过程中，既能通过劳动减轻经济负担，又能在劳动中得到成长锻炼，这充分说明勤工助学活动是一种具有发展性的资助形式，很好地发挥了扶困助学的功能，弥补了无偿资助金发放的短板，具有资助面广、资助力强、教育意义明显等诸多优点，进一步凸显了助学的公平性和精准性。每一所大学都有一群从不向家里要钱的大学生，他们通过国家和学校的奖助学金以及自己长期坚持勤工助学获得的报酬，既在一定程度上解决了自己大学期间的学费和生活费问题，又用知识和勤奋改变了自己命运的方向。

二、提升扶志能效，实践立德感恩

勤工助学有利于大学生树立正确的理想信念、劳动观和价值观，是实现扶志自立的重要抓手。通过参加勤工助学，学生可以自行选择岗位、接受培训、开展工作，提前进入职业工作者的角色，扩大视野和接触面；同时有助于体验竞争、开展规划和决策，继而理性地对职业生涯进行思考，从而确立理想和目标。用辛勤劳动换来报酬，可以让学生切身体会到工作的内涵和意义，促使学生立志自强，树立正确的劳动观和价值观，从而珍惜劳动成果、增强节俭意识。家庭经济条件不应该成为广大青年学生树立正确理想信念的绊脚石，相反，学生应该借助这股力量，积极推动自己投身到劳动和实践中去，通过勤工助学实现人生价值。

实践是认识的基础，并对认识起着决定的作用。绝大多数学生入学前缺乏实践历练，更多的体验来自课堂学习，习惯被动跟风，缺乏主动性和思考。勤工助学"有偿劳动"的特点可以提升扶志能效。在勤工助学活动中，学生获得的报酬是通过劳务有偿换取的，如此可以培养学生依靠劳动解决困难、通过劳动获取回报的意识，杜绝"等、靠、要"的惯性思维，帮助学生形成独立人格。

学生在参与学校的管理和服务中，加强了主人翁意识，提高了主观能动性，从被管理服务者的角色转变为提供管理和服务的工作者角色，更能体会当中的不易，懂得珍惜工作的成果。角色的转变会促使学生学会换位思考，促进认知的客观性和全面性，从而开始学会理解和感恩。积极参加勤工助学活动的大学生，他们或看望照顾孤寂老人，或到大山里参加义教活动，或担任"阳光心使"为师弟师妹们排忧解难，他们以实际行动表达感恩之心，竭尽全力地帮助弱势群体，是传递社会正能量的榜样大学生。

三、提高综合素养，实践扶智强能

勤工助学有利于学生提升综合素质、专业素养和创新创业能力，有助于大学生扶智强能。对用人单位而言，专业学习成绩的好坏不是选人用人的唯一标准，个人综合素质也是其主要考量依据。这些综合素质包括专业知识技能、组织沟通能力等可迁移的技能及创新意识、责任心等内在品质。学生在勤工助学活动中不管从事哪种类型的具体工作，都与某些知识领域和技能要求相联系，在开展工作的过程中，专业意识、职业意识和竞争意识会逐步提高。在参加勤工助学活动时，学生可以将实践活动与自身特点相结合，更好地完善自己的知识储备，并从中锻炼如社会交往、沟通协调、组织管理等各方面的可迁移能力。这个过程中遇到的问题以及挑战还能够锻炼学生面对困难时的意志和思维能力，使他们在未来的生活与工作中能够更加有效地解决问题。这些都充分说明，勤工助学能够提升学生的综合素质和就业竞争力，为他们扶智强能搭建起了很好的平台。

一些高等院校在工学结合模式下建起了勤工助学基地，将勤工助学融入各种实训车间、教学工厂等实践教学形式中，做到两者有机统筹、结合开展。对这类勤工助学岗位，学生往往也更乐于报名参加。在这类岗位上，他们能充分发挥自己所学的知识和技能，将理论与实践相结合，在实践中体会知识的运用、补充和完善，并运用自己的知识和能力创造性地解决工作中的各种问题。这个过程既满足了校企合作的实训基地对专业技能人才的需求、降低了用人成本，又为学生专业素养的提升和创新意识的激发提供了良好的机会。同时，大学生在勤工助学的过程中能与不同类型的人交流，充分锻炼自己的社交能力，并学会客观认识到自身的不足、从失败中总结经验，丰富了人生阅历，为将来的就业或创业积累下宝贵的经验。

四、学会正视自我，开启自信人生

勤工助学有利于学生增强自信、提高心理素质，是帮助大学生"内心自强"的重要法宝。许多参加勤工助学的学生或者来自经济条件困难家庭，或者自身能力不足又渴望得到尊重，他们承受着一定的经济或心理上的压力，有的甚至因家庭经济条件而产生自卑心理，因能力有限而不敢融入集体。部分学生因为比较敏感脆弱，自我认识、自我评估不足，导致出现一定的心理问题。

首先，勤工助学活动为学生提供了与人交流、融入集体的机会，帮助他们正确认识自我，引导他们勇于正视困难，克服自卑心理，培养积极乐观的人生态度。其次，勤工助学活动能够增强学生的交际能力，帮助他们敞开心扉，使他们不再自我封闭，保持心理健康。最后，勤工助学活动还能提高学生的社会适应能力，促使他们学会倾听、冷静控制情绪、消除偏激心理、客观公正地看待人和事。

每年毕业季时，总会出现一个特别的现象：那些在大学期间参加过勤工助学活动的毕业生，往往能比较快地找到工作。这个现象背后的逻辑是：大学期间的勤工助学活动能够让大学生从害怕群体到融入集体、从害怕跌倒到勇挫困难、从害怕表达到自信交流。这充分说明，勤工助学的劳动和实践教育可以帮助学生融入集体，使其能够肯定和欣赏自己，树立自信心，成为心理自强的健康社会人。

第三节　高校勤工助学的岗位设置

一、高校勤工助学岗位设置的现状

随着国家对助学工作的重视，各高校在勤工助学岗位设置上也力求科学合理，充分发挥勤工助学的功能。这主要体现在三个方面：一是岗位设置覆盖面较广，充分考虑了学科和专业性范围，兼顾劳动与智力服务类型及校内和校外岗位等，目的是使不同类型的申请者都能够找到合适的岗位。二是目前各高校设置的勤工助学岗位，学生申请、参与的积极性高，绝大部分高校勤工助学岗位都供不应求。三是岗位设置充分考虑了育人功能，不仅仅是着眼于劳动服务或者岗位补助，高校更立足于通过勤工助学岗位锻炼学生实践、劳动、服务、技能、创新等综合能力。四是岗位设置充分保障学生的合法权益，教育部有关文件对勤工助学岗位招聘原则、工作时限、薪金计算等都做了明确要求，各高校基本严格按照文件执行，充分维护学生合法权益。

但是，目前高校勤工助学岗位设置上也存在一些不足：一是勤工助学岗位质量较低。当前高校设置的勤工助学岗位的技术含量不高，多以简单的体力劳动或服务工作为主，大都基于工作时间计算报酬，对工作质量要求相对不高。二是勤工助学岗位数量偏少。由于受资金、学校规模等因素的限制，高校一般结合实际工作需要设置勤工助学岗位数量，提供的勤工助学岗位数量有限，学生获得勤工助学岗位的机会不易。三是岗位管理不够科学规范。从目前各高校的情况来看，勤工助学岗位设置的具体要求不够细化，缺乏有效的监管机制，勤工助学的岗位工作培训及奖励、退出等方面还不够明确。学生在参与勤工助学工作的过程中缺少有效的指导，给高校勤工助学的发展也带来了一定的阻力。

二、高校勤工助学岗位设置的原则

改革岗位设置、创新高校勤工助学是一项复杂的系统工程，要把培养大学生的学业水平和科研创新能力纳入勤工助学岗位设置范畴。

（一）重视岗位质量，旨在锻炼学生

学校应积极开发校内资源，保证学生参与勤工助学的需要。校内勤工助学岗位设置应以校内教学助理、科研助理、行政管理助理等为主。校内勤工助学活动岗位的设置以协助院（系）和学校党政、教学、教辅、科研、后勤服务等部门进行助教、助研、助管及后勤服务活动为主，提倡设置能锻炼和培养学生能力、专长的勤工助学岗位，不得安排学生参加可能危害学生安全、伤害学生身体和影响学校正常学习、生活秩序的勤工助学活动。

（二）规范工作时间，保证工作效果

勤工助学岗位既要满足学生需求，又要保证学生不因参加勤工助学

而影响学习。学生参加勤工助学的时间原则上每周不超过 8 小时，每月不超过 40 小时，寒暑假勤工助学时间可根据学校的具体情况适当延长。同时，为保证勤工收入，按照每个家庭经济困难学生月平均上岗工时原则上不低于 20 小时为标准，测算出学期内全校每月需要的勤工助学总工时数（20 工时 × 家庭经济困难学生总数），统筹安排设置校内勤工助学岗位。

（三）注意教育引导，强化育人作用

设立校内勤工助学岗位是学校关心和帮助家庭经济困难学生的重要举措。学校各单位可根据本单位的工作性质、工作内容和实际需要设立适宜大学生开展勤工助学的岗位。通过勤工助学实践活动，培养学生自立自强的精神和良好的职业素养，树立正确的劳动观念，增强学生的实践能力，全面提高学生的综合素质，营造资助育人、管理育人、服务育人的良好氛围。

三、高校勤工助学的岗位类型

按照工作时限，勤工助学岗位可分为固定岗位和临时岗位。固定岗位是指持续一个学期以上的长期性岗位和寒暑假期间的连续性岗位；临时岗位是指不具有长期性，通过一次或几次勤工助学活动即完成任务的工作岗位。

按照工作场地，勤工助学岗位可分为校内勤工助学岗位与校外勤工助学岗位。校内勤工助学岗位主要围绕服务教学、科研、管理、后勤工作

及其他公益活动而设置；校外勤工助学岗位主要经学校助学部门审核发布提供的校外企业兼职工作岗位。校外勤工助学岗位一方面可弥补校内勤工助学岗位的不足，进一步满足家庭经济困难学生减轻经济压力的需要；另一方面可以锻炼学生在校外实际工作岗位的实践能力。

四、勤工助学岗位设置的改革与创新

随着高校后勤社会化改革、人事代理等工作的推进，学生从事保洁等劳动服务的勤工助学岗位逐渐减少，一方面对原本有限的岗位数量造成了缩减，但换个角度也淘汰了质量相对不高的岗位，这就要求高校应当改革管理体系，对勤工助学岗位设置进行创新，使之与培养学生创新能力有机结合。

（1）高校应结合学校实际及相关设岗单位（部门）需求情况，依年度预算统筹核定设岗单位岗位类型及数量，明确岗位要求及工作内容、岗位类型、岗位性质等信息，并及时予以公布。

（2）要科学合理地设置本单位勤工助学岗位，让岗位不仅能为学生提供劳动报酬，而且成为培养学生、锻炼学生的平台。在设置岗位时要保障学生利益和人身财产安全，切勿将勤工助学岗位学生变成顶岗工作人员。在设置岗位时要确定专门指导老师，制订安全教育方案和岗位培训计划。

（3）校内勤工助学岗位要区别于学生干部、青年志愿者。相关单位不能将岗位设置为既能享受学生干部待遇又能获得劳动报酬的岗位，不

能将从事公益服务的青年志愿者活动设置为勤工助学岗位。

（4）对学生从事的校外勤工助学岗位进行动态管理和监督，了解和收集用工单位或个人对受聘学生的服务态度、工作质量、知识与能力水平的评价意见，建立学生勤工助学岗位资料库，并调解学生与用工单位或个人之间的矛盾纠纷，依法维护学生的正当权益和学校声誉。

第四节 如何正确处理勤工助学与学习的关系

一、大学生处理勤工助学与学习关系的现状

自勤工助学出现以来，勤工助学便在帮助大学生自立成才，将所从事的"勤工助学"活动与专业知识的学习和综合能力的培养紧密结合，促进个人的全面发展方面发挥了主要作用。随着时代的发展、社会的进步，勤工助学的内涵得到丰富和充实，从纯粹的"经济功能"向"人的全面发展教育功能"转变，对学生的思想教育与专业技能提升成效显著，尤其是对构建和谐校园与和谐社会有着积极的作用。

但是，"工"与"学"如何齐头并进成为参加勤工助学学生面临的实际问题。有调查表明，大部分学生将积累实践经验、提升综合素养作为参加勤工助学活动的主要动机之一，能够做到"工""学"兼顾，以"工"促"学"，在实践中打开了视野、丰富了理论知识、增长了实践能力，勤工助学在发挥了经济功能的同时也充分发挥了育人功能，实现了双重功

效的最优化效果。但在实际工作中，也有部分学生不能正确处理"工"与"学"的关系，不看重在勤工助学过程中得到锻炼的无形价值，甚至有人因"工"废"学"。因此，大学生在学业生涯中做到正确处理勤工助学与学习的关系变得尤为重要。

二、大学生处理勤工助学与学习关系存在的主要问题

高校勤工助学是一项复杂的系统工程，大学生在处理勤工助学与学习关系上主要存在以下三个方面问题。

（一）对勤工助学与学习关系的认识存在偏差

高校的勤工助学工作作为学校立德树人工作的一部分，其任务不再仅仅是"解困"，更在于"育人"。在实际工作中，部分学生认为家庭困难的学生才需要参加勤工助学；部分学生认为勤工助学会与学习相对立、相冲突；还有部分学生则本末倒置，一味追求勤工助学带来的经济效益，忽视了学习才是学生的主业，这都是由片面的思想认识造成的错误观念，是因为没有认识到勤工助学的育人效能、没有看到勤工助学在综合素质培养及人格完善方面的重要作用而导致的错误观点。

如果学生没有将勤工助学作为激发自身潜能、提高社会认知、学习社交技能的有效途径，那么他们对勤工助学岗位的选择也会存在偏差。勤工助学作为大学生社会实践的一种有效模式，其不仅能缓解经济压力，更重要的是有助于促进学业、培养综合能力，提高学生对自我价值的认识，强化对社会的责任感。

（二）对勤工助学与学习的时间管理不到位

要做到学习与兼职齐头并进，合理安排时间是重要的一步。有调查报告显示，有部分学生因为兼职工作而影响了自己的专业学习，有的学生因兼职而出现过缺课，有的学生则错过了讲座和校园文化生活。在社交和生活方面，有的学生因为兼职而挤压了社交活动、睡眠、休闲、运动等方面的时间。对勤工助学与学习的时间管理不到位，会对大学生的学习和生活造成影响。大学生应协调好勤工助学与学习、生活的关系，切忌本末倒置。

（三）对勤工助学与学习的规划意识淡薄

勤工助学有利于大学生提高就业能力，促进职业生涯发展，但大部分学生缺乏根据个人职业生涯规划选择适合勤工助学岗位的意识。勤工助学岗位种类繁多，如果未能选择适合自己的岗位，工作和专业学习产生分离，将很难实现教育和生产劳动的良好结合，无法实现专业学习—勤工助学—专业学习的良性循环。若能提前做好规划，选择与专业相近或相通的岗位，则既能较高效率完成工作，又能运用工作实践经验指导专业学习。

三、高校和大学生应正确处理勤工助学与学习的关系

勤工助学与学习是可以相辅相成、多方协调、齐头并进的。从高校与学生的角度出发，高校可以从顶层设计以及管理的宏观角度出发处理二者关系，大学生可以从个人具体实践的微观角度出发处理二者关系。

（一）高校要完善勤工助学体系和机制，做好管理和指导

立德树人是教育工作的根本任务，也是学生资助工作的初心所在。勤工助学是学生社会实践的重要形式，也是学生深化并运用理论知识学习的重要途径，高校作为勤工助学系统的重要执行者，做好管理与指导工作至关重要。高校应从制度管理、积极引导、联动社会的角度出发，把勤工助学工作作为日常管理工作的重要内容，并以"劳动和教育相结合"的教育理念引导学生积极开展各项勤工助学活动。

1. 完善制度，科学管理

制度建设是实施勤工助学科学管理的根本保证，要不断完善学校勤工助学管理制度和工作制度，加大对勤工助学的规范化建设力度。高校通过完善《大学生勤工助学管理办法》，明确学校勤工助学部门的工作职责和学生参与勤工助学的任务，明确勤工助学人员的岗位申请制度、培训制度、聘用及考核制度等。为引导学生正确处理好学习和工作的关系，高校在对学生的考核中，对在勤工助学活动中工学兼顾、表现突出的学生，可以给予适当的表彰和奖励；而对学业受到影响的学生，应进行适当干预，减少学生的工作岗位数量或兼职时间。

高校要实现勤工助学育人的目标，就必须在制度建设、规范管理上下功夫，唯有如此方能保证勤工助学活动的持续性和实效性，实现对学生的有效监督，学生的各项能力才能得到均衡发展。

2. 指导抉择，避免冲突

社会上的职业有千万种，但适合学生勤工助学的不一定很多，学生需要的是一份安全可靠、花费时间较少、劳动强度适中、与专业相关联的工作。高校指导学生选择岗位时要坚持适合和适量的原则。

适合是指选择和自己爱好、专业相近的岗位来兼职。例如，通过职业生涯规划课程引导学生逐步在符合自身的职业上下功夫，如有志于从事计算机类行业的学生可以关注学校信息中心网络信息管理之类的岗位，让勤工助学与专业学习同向而行。

适量是指对工作的时间进行适当限制，高校应规定在校大学生一周最高的兼职时间，避免"勤工"与"助学"失衡，影响学生正常上课，最终耽误了学业。学生勤工助学的时间所占比例不能过大，时间安排必须合理。作为管理者，应该建议学生将勤工助学的时间安排在周六、周日，或是没有课程的上、下午等，这样的安排与正常上课没有冲突，也不会因花费过多精力而影响第二天的正常学习，还有一定的时间可以完成每日的学习任务。

学校要引导学生选择合适的岗位，树立正确的职业观，坚持把学业放在首位。勤工助学期间，大学生可以积累相关工作经验，这将有利于学生顺利完成从学生到职场人的角色过渡，尽快适应工作。因此，学校应当重视学生的个人职业生涯规划，关注学生就业能力培养。

3.联动社会,开拓岗位

社会参与是对高校勤工助学体系的有益补充。社会各界积极参与,共同协助政府、学校及个人创建一个有助于促进勤工助学发展的科学体系,是持久开展勤工助学活动的生存之义和发展之道。高校可以加强与校外企业或单位的联系,通过校企合作开拓勤工助学岗位,解决校内岗位供给不足的问题,实现校企双赢。

结合高等院校的特点,基于校企合作的校外兼职是勤工助学活动的不错选择。学校可以采用订单培养或顶岗实习的方式与企业合作,企业通过面试选拔甄选优质生源,开展培训,并且依据一定的标准发放酬劳。如此,一方面能加强学生的专业学习,培养实操能力,增加社会实践经验,缓解经济和就业压力;另一方面企业也降低了用人成本,可以解决部分用工需求。

(二)大学生正确处理勤工助学与学习关系的建议

1.提升认识,巧于规划

勤工助学是带有主观能动性色彩的自我提升活动。大学生参加勤工助学活动要注意以下几点:

首先,在思想上对勤工助学要有正确的认知。勤工助学是学生成长成才的重要途径之一,唯有将其与自身的职业生涯规划结合在一起才能更好地促进成长。研究表明,明确职业规划路径的学生对勤工助学活动有着更为正确的认知。

其次，要正确认识自我。大学生可以借助专业的职业生涯测评工具，对自身潜能、兴趣爱好、特长等进行主动探索，对自我形成正确的认识，进而形成正确的劳动与学习的理念，则参与勤工助学活动时将更为坚定。在现实生活中，一个能清晰认识自我的学生，在价值取向多元化的今天更能够坚守立场。

最后，大学生在参与勤工助学实践活动时要把握规划的主动权，根据对自己的能力与职业价值观等的分析，结合劳动内容，把握当前学业，思考未来创业就业，把勤工俭学岗位中的实践经验与毕业之后的规划相联系，把个人所学的专业与勤工俭学岗位的工作内容联系起来，有计划地迈出第一步。事实证明，自我规划做得好的学生，在勤工助学活动中更有底气，最终也能取得更大的收获。

2. 主动参与，乐于实践

勤工助学也是大学生社会实践活动的一种形式。大学生应积极参加包括勤工助学在内的各项社会实践活动，在实践中接受勤工助学的特殊教育。实践是检验真理的唯一标准。学生应当主动以劳动者的身份投入勤工助学实践，只有在实践中才能真切地体验社会劳动以及职场活动，只有在实践中才能真实展现校内的专业学习与工作的关系。

3. 注重协调，善于学习

勤工助学与学习的关系需要协调处理。勤工助学的主体是学生，学生的首要任务是学习，在高等院校中学生每个学期的课程、实训及实习的时间不是固定的，勤工助学的时间与学习的时间需动态调整以适应双方的需求，参与勤工助学的学生需要直面二者之间存在的冲突，权衡轻重、科学判断、重视协调，在协调二者关系的过程中学会用全面的视角看待问题。同时，可虚心学习他人的先进经验，如低年级勤工助学的学生可向高年级学生学习协调"工"与"学"之间的关系，向先进的榜样学习，通过汲取优秀经验，使自己可以开阔的眼界去审视勤工助学的岗位，站在经济社会发展和个人发展相结合的角度，正确处理工与学的关系。

4. 重在行动，勤于总结

勤工助学是一项在行动中综合提升个人能力的活动。当前，高校勤工助学育人体系的建设主要由政府、社会、高校和学生共同参与，这是一个长期实践、总结、提升的过程。每一个学生的勤工助学活动都是一次生动的实践，在行动中需要进一步归纳总结，以探索处理勤工助学与学习更为合理的路径。在处理勤工助学与学习关系的过程中，善于自我反省与自我总结，将好的经验留下、不好的经验去除，在个人的实践中总结提升；通过参与学校勤工助学建设、育人模式等方面的课题研究，增强发现问题、分析问题和解决问题的能力，提高学习和研究水平，并以研究促进实践、提高工作的专业化程度。

案例分析：

案例一　95后女生袁雨：在繁忙的学习中过好勤工助学每一天

袁雨是参与勤工助学的学生之一，2016年考入广东一所高校，就读电子商务专业。与其他学生一样，刚进入校园的她年轻、朝气蓬勃。不同的是，作为贫困生的她需用自己的双手赚取读大学的生活费，很快她就成了图书馆的管理员，这是学校开设的勤工助学岗位之一。

图书馆勤工助学的工作不仅包括值班期间的工作内容，还包括一些图书馆活动的组织和策划。在图书馆值班期间，她的工作主要包括帮助读者借书、还书，将读者归还的书籍放上书架，整理书架，承担部分培训监督志愿者的工作以及帮助老师和同学们解决一些问题。她本着求真务实、认真负责的态度积极做好自己的本职工作，虽然学业繁忙，但她很快就制订了学习计划，把图书馆勤工助学的时间纳入自己的日程表，充分利用所有碎片化时间，科学制订学习计划，有序推进各个科目的学习。经过半年多的磨合，很快她就能很好地处理工作和学习的关系，合理安排好工作与学习时间。

在学校良好校风学风的熏陶下，她像挤海绵一样挤出时间，如饥似渴、孜孜不倦地学习，努力掌握科学文化知识和专业技能，努力提高人文素养，在学习中增长知识、锤炼品格，在实践中增长才干、练就本领。经过努力，大学期间她的专业成绩和综合测评均名列年前茅。在大二学年，她各科成绩跻身年级前列，被评为校级"优秀三好学生"，并获得了国家奖学金。

她热爱生活、作风优良，积极参与各类社会实践和公益志愿活动，具有高度的社会责任感和使命感。她还积极参与图书馆志愿服务、扶贫展销、学校校庆、地铁和博物馆志愿者等校内外各项志愿活动，志愿时长超过160小时，荣获"服务之星""优秀志愿者"等荣誉称号。无论是扶贫的公益创业者，还是图书馆勤工俭学贫困生，抑或是地铁志愿者，袁雨都用自己的热情把这些经历点缀得多姿多彩。

案例二　全国自强之星林灿锋：奋斗让大学更精彩

林灿锋同学2017年考上广东一所高校，开启了他的大学生涯。由于家境贫寒，他在入学后就决定要加入勤工助学的队伍。校内勤工助学岗位众多，林灿锋决定根据自己的兴趣和职业规划来选择。最终，他选择了学校信息中心的学生网络管理员的岗位，他认为这个岗位非常适合自己：首先他对在岗位中能学习到的技能很感兴趣，其次是这个岗位的工作时间与自身专业学习时间的冲突比较少，而且在工作中他服务的是全校师生，可以认识到更多优秀的同学和老师，能够帮助自己更快进步。

在勤工助学期间，身为班长的他充分激发了自己的时间管理能力和做事效率。通过勤工助学的实践，林灿锋积累了不少资源，陆续开始尝试做宿舍微打印、快递配送等公众号平台业务，开始尝试创业，他的创业项目还在学校的创业比赛中获得金奖。此外，他在体育竞技、技能竞赛、评先评优等方面表现突出。2018年12月，林灿锋凭借自己的拼搏和优异表现获评了共青团中央及全国学联颁发的"2018年中国大学生之星"荣誉称号及奖学金。"千磨万击还坚劲，任尔东西南北风。"林灿锋深深明白，自己在大学期间取得的进步和成绩，离不开学校的培养和支持，离不开勤工助学的助力和陪伴，他以自己的实际行动践行着自强不息的真义，做到了"勤工"以"助学"，绽放出了青春的精彩。

第五节 勤工助学实现个体价值

一、社会实践的重要性

随着生活水平的提高，现在的学生会在一定程度上吃不得苦、贪图享受；经得住表扬，受不起挫折，动辄轻生；凡事以自我为中心，对家人、对同学、对社会漠不关心，缺乏爱心；更有些学生"两耳不闻窗外事，一心只读圣贤书"，好高骛远，不能从实际出发，不了解社会的历史和现状，不懂得人情世故，虽满腔热血，却往往陷入空想和幻想，愿望与实际相距甚远。而要解决这些问题，仅靠校内教育是不行的，学生必须亲自通过社会实践，以普通劳动者的身份参加社会财富的创造活动，深入实际，全面接触社会，端正人生态度，才能树立正确的价值取向和奋斗目标。

（一）社会实践是课堂教学的延伸

社会实践是学生在校期间进行的社会调查、兼职、实习、志愿服务、生产劳动、公益活动、勤工助学等各种社会劳动和活动的总称；是学生按照学校培养目标的要求，利用节假日等课余时间将所学的知识应用于实践、参与社会经济、政治、文化生活等的一项教育活动；是课堂教学的延伸；是教学计划的重要组成部分；是职业学校思想教育的有效途径；是学生了解社会、适应社会，提高综合实践能力的重要环节。世界各国都十分重视开展青年学生社会实践活动，把社会实践作为载体，贯穿于各种教育活动之中。

（二）社会实践活动的主要特点

第一，它是一种教育活动，是职业教育的一个有机组成部分。

第二，它是在学生课余时间进行的特殊教育活动，是教育实践环节的必要补充。

第三，它在组织学生参与实践的过程中达到教育的目的，是以学生亲身参与为主要教育途径的特殊教育形式，使学生在实践中受到教育，增长知识和才干。

第四，它是一项双向受益活动，一方面，学生从社会实践中得到锻炼；另一方面，通过社会实践，回报社会，奉献社会。

（三）能力的形成离不开社会实践

"受教育、长才干、做贡献"是学生社会实践的核心宗旨。教育家叶澜指出："教育主体是如何使孩子发展、成长好，而这样的成长和发展绝不是在教师、家长培育、扶植下的发展和成长。教育应该使孩子在独立面对世界的时候，学会与世界对话，学会从周围的环境中汲取营养，能够面对困难、抓住机遇，找到自己的幸福。今天的世界变得越来越复杂，很多问题的解决不仅要靠知识，更要有智慧。从知识向智慧转化，必须具备多种知识相互沟通和融合的能力。"面对当前复杂多变的世界，学生不仅需要理论知识，还需要智慧、能力，而智慧能力的形成离不开社会实践。

1. 提高学生的认识能力、选择能力

人对事物的认识要经过感性认识上升到理性认识，学生只有通过社会实践，在发现问题、分析问题和解决问题中，将主观认识与行为有效地联系起来，达到知与行的统一，才能推动认识能力的提高。提高选择能力十分重要，人的一生是选择的一生，而选择能力也只有在实践中才能逐步提高。

2. 培养学生社会适应能力、独立工作能力

社会实践具有社会性、开放性。学生在参与社会实践中，通过与各界人士广泛交往，设计实践方案，解决实际问题，总结实践成果等，来提高社会活动能力、独立工作能力、社会适应能力等。

3. 培养学生的创造、创业能力

学生的创新、创业能力是时代发展的要求。创造能力是指创造者利用自己积累的丰富知识，在头脑中独立地创造新形象、提出新见解和做出新发明的能力。它包括提出问题、发现问题规律的能力，创造性地分析问题和解决问题的能力等。学生在社会实践中会遇到的一系列问题，迫

使学生深入分析、思考，激发创造灵感，创造新的成果，从而改变学生被动接受知识、动手能力差、创造能力低的状况。

二、积极参加社会实践

1. 社会实践的常见形式

（1）义工类

参加帮助孤寡老人、社会福利、救助儿童等的无偿活动。

（2）政策宣传类

到农村或城市社区开展送科技知识下乡、文化知识宣讲或者是法律咨询等活动。

（3）挂职锻炼类

各类岗位实习，如假期专业实习、勤工助学等。暑期兼职工作，如课外创业活动。

（4）调查类

调查家乡、家庭、个人的问题，如压岁钱的花法，调查后写出感想和感受。

（5）体验教育类

通过实地参观考察博物馆、企业等活动，从中获得认知、感受以及某些深刻的教育，如重温英雄人物的爱国事迹，增强学生的民族自信心和自豪感，树立爱国主义精神。

2. 积极寻求社会实践机会

青年学生积极参加社会实践，是立德树人的一条重要渠道，是使学生按照现代社会的要求健康成长的途径。当代青年学生要成为现代化建设的有用人才，就不能闭门读书，而必须敞开大门，走向社会，积极寻求社会实践的机会，投身社会实践中去。学生在寻求社会实践的机会时，一定要有法律意识和自我防范意识，安全、合法是第一位。

学生可以通过线下、线上来积极寻求社会实践的机会：

（1）线下学生积极关注所在学校关于社会实践活动的信息，通过学校相关部门的联系，获得公益活动机会和社会实践机会。

（2）线上学生关注相关网站，通过公益网站或当地靠谱的公益网站寻找实践机会。

3. 在社会实践中应该端正态度

学生在参与社会实践过程中，要以主动、热情、谦虚、谨慎、乐观、奉献、学习、思考的态度去工作。俗话说："在家千日好，出门半朝难！"意思就是说：在家里的时候，我们有自己的父母照顾、关心、呵护，日子过得无忧无虑，但是在外面工作的时候，不管你遇到什么困难、挫折，都是靠自己一个人去解决。因此自强自立是参加社会实践的前提。社会实践是引导学生走出校门、走向社会、接触社会、了解社会、投身社会的良好形式。学生要抱着学习的态度，通过参加社会实践活动，吸收新的思想与知识，更新观念，在社会实践中开阔视野，增长才干。

三、实习是社会实践的重要形式

（一）实习的含义

实习，顾名思义，就是在实践中学习。实习是学校教学规划和教学培养方案的必要环节，是课堂教育和社会实践相结合的重要形式。学生在经过一段时间在校的理论学习之后，或者说当在校期间的理论学习告一段落的时候，需要通过具体的工作来了解如何将自己的所学应用到实践中。毕业实习是一门专业实践课，它对培养学生的动手能力有很大的意义，是专业知识与生产实践相结合的教学形式。

实际上，掌握知识和运用知识并不是一回事，学校里所学的理论知识如何与不断变化中的社会需求有机结合是一个非常棘手的问题。因此，对学生来说，不仅要通过实习快速学习，积极吸收新鲜知识，更新知识内容，还应善于观察、勤于思考，努力提高各种业务能力。实习、社会调查和兼职是对学生就业素质能力提升作用较大的社会实践方式。其中实习在提升职业学生专业技能、职业选择和发展定位、工作适应能力方面的作用更显著。

（二）实习的目的

实习是为了在毕业生进入社会前，将自己的理论知识与实践融合，并且完成从学生到职员的过渡，是真正融入社会生活工作的第一步。

实习是人才培养方案的重要环节，旨在培养学生的实践能力、分析问题和解决问题的能力。在实习指导老师的指导下，使学生将所学基本理论、基本知识与社会实践相结合，迅速转化为实际工作能力，增强适应市场需要的能力，在运用中学习，在运用中深化，初步具备职业人的思想素质。

（三）实习的类型

实习包括认识实习、跟岗实习、顶岗实习。

1. 认识实习

认识实习是指学生由职业学校组织到实习单位参观、观摩和体验，形成对实习单位和相关岗位的初步认识的活动。

2. 跟岗实习

跟岗实习是指不具有独立操作能力、不能完全适应实习岗位要求的学生，由职业学校组织到实习单位的相应岗位，在专业人员指导下部分参与。

3. 顶岗实习

顶岗实习是指初步具备实践岗位独立工作能力的学生，到相应实习岗位，相对独立参与。

实际上学生经本人申请，经职业学校同意，可以自行选择顶岗实习单位。对自行选择顶岗实习单位的学生，实习单位应安排专门人员指导学生实习，学生所在职业学校要安排实习指导教师跟踪了解学生的实习情况。

（四）实习的特点

1. 专业化

实习一定要突出专业特色，与专业学习相结合，实习是进入正式工作前的培训，是理论联系实际，应用和巩固所学专业知识的一个重要环节。

2. 市场化

实习能与企业近距离接触，了解企业的运作模式和作为一名员工需要掌握的基本知识，学校的培养与社会的需要有一定脱节，除了一定的专业水平，企业还要求学生具备相关能力，如人际沟通能力、合作能力、组织协调能力、专业知识应用能力等，而这些在校园内是无法全部学到的。通过实习，学生能与企业近距离接触，了解企业的运作模式和作为一名员工需要掌握的基本知识，这样不仅可以缩短从学生到员工角色转换的磨合期，也可以避免就业的盲目性。

3. 社会化

通过实习，学生可以更广泛地直接接触社会，了解社会需要，加深对社会的认识，增强对社会的适应性，将自己融合到社会中去，培养自己的实践能力，缩短学生从一名学生到一名工作人员之间的思想与业务距离，为我们毕业后社会角色的转变打下基础。

学生在实习过程中，要以一名正式员工的标准来要求自己，切不可因为是实习就放松对自己的要求。要具有强烈责任感，既然在岗位上实习，就要承担起这个岗位应有的责任。事实上，也只有脚踏实地，富有责任感的实习生才会引起企业青睐。实习是为了学以致用，现在用人单位越来越重视毕业生的实习经历，通过实习，学生能把所学知识融会贯通，提高观察、分析和解决问题的实际能力。同时学生能测试自己的能力水平，发现自己的不足和潜力。

第六节　勤工助学和社会实践中完善自我

一、正确分析自我，做自己能做好的事

（一）思考"我"的特长、能力和性格适合哪一类型的工作

无论是参加勤工助学活动还是参加社会实践活动，都将面临不同的工作岗位类型和工作内容，不管是什么类型的岗位都有其存在的特殊性，如资料整理需要细心、耐心；卫生打扫则需要不怕吃苦、不怕脏、体力较好等，因此学生在参加勤工助学和社会实践前应正确分析自我。在参加勤工助学和社会实践活动时，要本着做自己能做好的事的原则，正确分析自我。根据自己的兴趣、爱好、特长、能力和性格来参加勤工助学和社会实践活动，才能更加游刃有余，才能更好地施展自己的才华，才能更好地完成工作。

（二）明确参加勤工助学的目的

经过调查，发现学生参加勤工助学和社会实践都有不同的目的，有的单纯是为了缓解经济困难，有的为了增加就业机会，有的为了实践专业

知识，有的为了提高综合能力……不同的学生想法不同，只有在明确自己参加勤工助学或社会活动目的情况下，才能有针对性地选择岗位，只有这样才能有利于自身能力的提高，有利于提高学生对工作岗位的认同和满意度。

二、理性选择岗位，警惕职业陷阱

（一）保持理性，防止社会上的负面影响

参加勤工助学或社会实践活动的学生中，绝大多数同学是在自己有精力、有实力、学有余力的情况下去参加的，但也有部分学生"盲从"，缺乏理性，这只会导致学业"荒于勤"。因而学生认识要有理性，认真对待勤工助学和社会实践。同时社会上存的一些负面影响也不容忽视，中职学生毕竟涉世经验不足，比较单纯，容易受到不健康思想意识的侵蚀。还有一些学生对勤工助学的认识及行动上存在偏差，以至于在选择岗位时不够慎重，同时法律意识淡薄，导致"勤商助学"，结果有的学生可能会误入传销歧途，甚至有少数人违法乱纪。部分同学缺少安全防范意识，还有的同学在对待劳动报酬时，出现偏差，其"勤工"不是为"助学"，而是"勤工助玩""勤工助酒""勤工助烟"等，这无形中助长了学生的超前消费。对此，应引起足够重视，要防止在勤工助学中受到社会环境的负面影响。

（二）提高辨别能力，对各类职业陷阱说"不"

我们的学生走向社会寻求兼职岗位，一定要辨明兼职的陷阱，天上掉

馅饼的兼职不要做，一些包赚的项目兼职不要做。

陷阱一：一些不规范的中介机构利用学生急于在假期打工的心理，夸大事实，无中生有，以急招的幌子引诱学生前来报名登记。一旦中介费到手，便将登记的学生搁置一边，或找几个关系单位让学生前去应聘，其实只是做个样子。

陷阱二：一些假的用人单位在招聘时，往往收取不同金额的抵押，或要求学生将身份证、学生证作为抵押物。这类骗局通常在招聘广告上称有文秘、打字、公关等比较轻松的岗位，求职者只需交一定的保证金即可上班。但往往是学生交钱后，招聘单位却推说：职位暂时已满，要学生回家等消息，接下来便如石沉大海，押金自然不会退还。

陷阱三：不付报酬。有些学生被个人或流动服务的公司雇用，讲好以月为单位领取工钱，但雇主往往在8月份找个借口拖延一下，而到9月份学校开学后就消失得无影无踪，令学生白白辛苦一个假期。

陷阱四：高薪招工。有些娱乐场所以高薪来吸引学生从事所谓的公关工作，包括陪客人唱歌、喝茶，甚至从事不正当交易。学生在这些场所打工，很容易受骗上当或误入歧途。

三、自我提升，绽放青春光芒

勤工助学和社会实践既是对传统精神的继承发展，也是进行思想教育的有效手段，勤工助学期间，学生亲身感受各行各业劳动者的辛勤劳动，从而懂得超越自我、自强不息的道理。某大学学生陈同学将一万元交到妈妈手里,这些都是他利用课余时间进行勤工助学扣除生活开支之外的结余。陈同学是建档立卡家庭经济困难学生,大学学费对他的家庭来说无疑是一个沉重的负担。然而,这个重担不但没有压垮他,反而成了他的骄傲:"两年多来,我没有向家里要过一分钱。我不但能供自己上大学,还能贴补家用,这让我很有成就感。"陈同学利用课余时间在一家餐厅勤工助学,目前已经升任餐厅管理组长,合计收入3.6万多元。勤工助学带给他的不仅是资金,还有解决问题的勇气和直面未来的信心。

第八章　高校劳动教育探索与实践

第一节　规范企业实训劳动教育，增强劳动意识

一、企业实训劳动教育划分

中共中央、国务院在《关于全面加强新时代大中小学劳动教育的意见》中将非生产劳动教育划分为日常生活劳动教育和服务性劳动教育，后者具有较强的时代特点，注重利用知识、技能、工具、设备等为他人和社会提供服务，特别是在公益劳动、志愿服务中强化社会责任，培养良好的社会公德。例如，强调高校应注重培育公共服务意识，使学生具有面对重大灾害等危机主动作为的奉献精神。日常生活劳动、生产劳动、服务性劳动三类劳动教育内容不同，各学段有所侧重，但从总体上看三者都很重要，不能偏废。

企业实训劳动教育，是指校企合作，按照人才培养规律与目标对学生进行职业技术应用能力训练的教学过程，实训的最终目的是全面提高学生的职业素质，提升学生的专业技能。企业实训劳动教育可划分为不同类型：从内容上划分，可分为动手操作技能实训和心智技能实训，包含

综合素质要求（创业和就业能力）实训。从时空上分，有校内实训和校外实训，包括教学见习、认识实训和生产实训等。从形式上分，有技能鉴定达标实训和岗位素质达标实训，囊括通用技能实训和专项技能实训。

二、劳动意识贯穿于企业实训劳动教育的始终

法国启蒙思想家卢梭指出："劳动是社会中每个人不可避免的义务，没有劳动就不可能有正常的人的生活。"企业实训劳动教育正是践行劳动教育理念，让学生通过到企业开展实习实训以提升劳动素养的方式，有利于促进学生全面发展的教育活动。如何树立劳动价值观成为企业培养劳动素养的核心内涵，企业实训劳动教育是一项有助于促进学生形成劳动价值观（确立正确的劳动观点、积极的劳动态度及热爱劳动和劳动人民等）和养成良好的劳动素养（形成劳动习惯、掌握一定的劳动知识与技能、有能力开展创造性劳动等）的教育活动，通过企业实训劳动教育可以增强学生相关劳动意识。

（一）有利于提高学生的动手能力和思维水平

参加企业实训一方面可以培养学生运用所学知识解决实际问题的能力，另一方面可以通过学生的积极参与、具体操作提高学生的动手能力，使感性知识和理论知识相互印证。

（二）有利于培养学生参与实践和主动创新的意识

企业实训解决了学生渴望了解社会、了解他人、探索未知、探索未来的精神需要。学生在实践操作过程中，充分利用已有的生活经验和想象

来进行思考和操作，自主解决问题，培养起主体意识。

（三）有利于增强学生适应未来发展的需要

要让学生适应企业工作环境，参加劳动实践是有效的途径之一。参加企业实训培育掌握一定的劳动技能，既是未来生活和工作的外在要求，也是学生更好地适应未来生活和发展的内在追求。

（四）有利于增强学生的主体意识，培养团队合作精神

企业实训围绕一个目标开展主题性、综合性的实践活动，可以引领学生学会合作，增强学生的自主发展意识，培养学生的合作技能，涵养合作精神。

第二节 规范企业实训劳动实践，落实劳动责任

一、企业实训劳动实践应与时俱进

劳动教育作为一种提升学生劳动素养的方式，是一项可以促进学生全面发展的教育活动。因此，在当前形势下应当大力倡导劳动教育，但劳动教育的责任要落到实处，其观念与实践都应当与时俱进。在劳动教育实施过程中，要紧跟时代的脚步，顺应变化，树立正确的价值观，培养学生的良好品质，鞭策他们不断地去完善自我，争做时代的先锋。

二、整合资源，深化校企产教融合

企业实训要通过资源整合，不断深化校企产教融合，给学生提供更

多的劳动场所。应加强劳动教育与其他社会资源之间的联系，满足多样化人才培养劳动实践的需求。"实训＝素质＋技能＋经验"，对学生来讲，通过企业实训，一方面可以增加实践经验，另一方面可以降低就业的成本和风险，增加就业的机会。企业实训劳动教育主要面向企业培养实用员工，对企业而言其本质不是培训而是预就业，以"就业"为诉求点，经历"补强阶段＋实操阶段＋实习阶段＋就业阶段"的实训过程，实现劳动教育过程与企业无缝衔接。

落实劳动教育，不仅是各级各类学校的重要责任，也是学生家庭和社会企事业单位的重要责任，更是各级政府的重要责任，任何一方缺一不可。只有以学校为主体的各个方面都切实承担起并履行好各自的责任，才能合力落实好劳动教育，培养和提高学生的劳动素质。构建责任链条，是将劳动教育从认识转化为行动的重要机制，也是改变某些地方只喊口号却无行动甚至抵触劳动教育这一现象的有力手段，更是化解落实劳动教育难题的有效方法。构建劳动教育责任链条，需要解决两个关键问题：一是要明晰各个方面的责任，杜绝"空心环节"；二是要让相关方面切实履行各自的责任，避免链条成为摆设。

三、合力落实企业实训劳动教育责任链条

在合力落实企业实训劳动实践责任链条中，学校是实施劳动教育的主体。各级各类学校应当将培养和提高学生的劳动素质作为学校人才培养目标的重要内容，将劳动教育列入学校统一规划和重要工作安排；应当

根据学生发展的阶段性特点，在教育体系、课程体系和校内外活动中安排必要的时间，组织和指导学生开展各种劳动实践；应当建立并实行学生参加教室和校园卫生劳动制度，小学中、高年级应当建立并实行学生参加校外公益服务劳动制度，中等及以上学校应建立并实行学生参加见习实习劳动和社会生产劳动制度（包括有条件的学生参加家庭生产劳动制度），规定适合学生年龄特点的劳动时间，可以探索对参与的学生和班级或院（系）实行积分制，将积分作为学生综合素质评价和班级或院（系）评优的重要依据之一；将加强劳动教育专兼职师资建设列入教师队伍建设规划，将有效实施劳动教育列入教师考核标准，高度重视保障劳动教育校内资源建设和配置；应当制定保护学生劳动安全的操作细则。

在合力落实劳动教育责任链条中，各级政府要切实肩负起指导、支持和监督的责任，肩负起构建完整链条、让链条有效运行不掉链子的责任。各级政府尤其是县（区）人民政府应当以文件的形式明确各相关方面的劳动教育责任，将其纳入教育督导的考核内容，并规定督导考核和奖惩办法，多渠道保障劳动责任。

各级教育行政机关应当将加强和改进劳动教育纳入教育规划及年度工作计划；对各级各类学校劳动教育工作的目标、课程、教学、活动方式和学生的综合素质评价以及劳动教育中的安全责任等内容的制定提供具体的、可操作的指导文件；为学校劳动教育提供必要的经费保障，为专职师资建设提供培训、技术职务评聘、校际共享等政策支持；可以考虑将劳动教育纳入教育行政机关和学校督导评价及学校领导述职考核等。

四、建立健全保障机制

各相关单位可以根据各自业务特点，分别从营造劳动教育的舆论环境、提供劳动教育的专用实践基地、鼓励企事业单位提供劳动教育精神奖励和政策优惠、鼓励保险等金融机构提供公益性学生劳动保险等方面承担责任。各级工青妇组织应根据各自群团组织的特点，承担起为学校实施劳动教育提供校外兼职教师和青年志愿者等的责任。特别是校企双方要确保企业实训实践基地建设前期的经费投入及后期的维护和活动经费的投入。鼓励企业实训劳动实践基地开展自我造血功能的研发，最终实现自给自足。倡导学生接受爱心企业的支持与资助，在接受帮助的同时，也以学生的专业特长助力企业完成社会责任建设。

在落实企业实训劳动实践责任链条建设中，要开展供给侧结构性改革，精准对接社会和企业需求，完成如下保障。

（一）加强双师型师资队伍建设保障

要根据劳动教育课程体系建设与企业实训实施途径，配齐相关教师、提升学科和专业教师劳动教育素养，聘请劳动模范、大国工匠等担任实践导师，建设专、兼职结合的劳动教育师资队伍，是全过程、多渠道实施劳动教育的重要保障。

（二）加强企业实训实践基地建设保障

校企双方应根据劳动教育需求建好配齐稳定的企业实习和劳动实践基

地，满足学生劳动实践的需求。行业企业应积极参与学校组织的劳动教育实训活动，为学生体验现代科技条件下劳动实践新形态、新方式提供支持。

（三）建立健全企业实训社会资源保障机制

政府应通过政策引导和舆论宣传在全社会营造热爱劳动、崇尚劳动，关心和支持劳动教育的良好社会氛围。鼓励行业企业积极参与劳动教育，为学生提供劳动实践场所和参与劳动实践的机会，并对参与支持学校劳动教育的行业企业、社会机构给予表彰或奖励。加强对师生的劳动安全教育，强化劳动风险意识，建立健全安全教育与管理并重的劳动安全保障体系。

第三节 完善企业劳动预案，确保劳动有序

一、防患于未然

中共中央、国务院在《关于全面加强新时代大中小学劳动教育的意见》中明确提出，各学校要加强对师生的劳动安全教育，强化劳动风险意识，建立健全安全教育与管理并重的劳动安全保障体系。科学评估劳动实践活动的安全风险，认真排查、清除学生劳动实践中的各种隐患特别是辐射、疾病传染等，在场所设施选择、材料选用、工具设备和防护用品使用、活动流程等方面制定安全、科学的操作规范，强化对劳动过程每个岗位

的管理，明确各方责任，防患于未然。制定劳动实践活动风险防控预案，完善应急与事故处理机制。

"安全第一，预防为主。"在企业实训劳动中，要加强企业劳动预案建设，形成推动学校企业等企事业单位各项工作的核心竞争力。通过强化管理，建立适应企业管理的劳动预案、员工行为规范；全面贯彻落实，开展全面系统和高强度的培训，形成良好的企业劳动建设氛围；通过对劳动安全理念的层层宣贯，形成良好的劳动特征、岗位标准、岗位职责和安全教育口号；同时通过制度规范，推进行为养成，使企业核心价值理念、基本价值理念、员工行为公约等各种行为规范为员工所认知、熟记、掌握，确保劳动有序。

二、劳动应急预案的制订与启动程序

预案，是指根据评估分析或经验确定应急救援的范围和体系，对潜在的或可能发生的突发事件的类别和影响程度而事先制订的应急处置方案，能够有效地降低企业事故纠纷后果，提高风险防范意识。

在开展劳动教育中，为及时有效地防范和处置劳动安全事件，各单位要认真贯彻"安全第一，预防为主"的方针，结合实际情况，制订本单位的劳动应急预案，对劳动安全事件做到统一领导、分级管理、落实措施、及时排危抢险，最大限度地减少劳动事件造成的危害、损失及其他不良影响。当劳动安全事件发生时，应第一时间报告组织，根据领导指令启动劳动安全事件应急预案，以最快的速度奔赴事发现场，迅速有序

地展开救援工作，并保留、维持好现场。发生劳动突发事件时，应明确汇报以下信息：事件发生的时间及地点、事件类别、事故原因、目前状况、后果估计、影响范围和已采取的应急措施、报告人姓名及联系电话等，并随时报告事件后续的发展和处置情况，做好相关记录上报单位领导及相关职能部门，不得迟报、谎报、瞒报和漏报。此外，在救援过程中要注意事发现场的保护及相关人员的心理抚慰工作，尽量将突发事件的危害降到最低程度。

三、突发公共卫生事件中的劳动应急预案

案例一　德国"双元制"职业教育简介

德国的职业教育体系在整个教育体系当中占有非常重要的地位，是学生升学就业的主要渠道，因其为德国经济发展做出的巨大贡献而享誉世界。德国职业教育的"双元制"是典型的校企合作制度，以学校为一元，企业为一元，二者合作培养技术技能型人才。

德国约有40%的适龄青年人上大学，那些不能或不愿上大学的年轻人绝大多数接受了不同形式的职业教育，其中又以接受双元制职业培训为主（约为70%），培训的人员成为德国技术工人的主要来源。双元制职业教育模式被外界誉为德国战后经济腾飞的秘密武器，是德国职业教育的基本形式。"双元制"由企业和学校共同完成职业培训。企业是主导方，学校是辅助方。企业与受训学生首先要签订培训合同，接受其为企业的学徒工，然后安排到职业学校学习，最后还要接受行业协会的考核。

职业学校事实上是一个受托提供培训的"外包"机构。接受双元制培训的学生,一般必须具备主体中学或实科中学(相当于我国的初中)毕业证书,学生一方面要在非全日制职业学校中接受专业的理论和文化知识的教育,另一方面要在企业中接受职业技能的培训,进行实践。"双元制"教育强调,学徒为将来的工作而学习,理论教学和实践教学的比例为30%和70%(或20%和80%),理论课程以适应实践需要为主要目标,确保了培训质量和效率。

案例二　××学校劳动安全应急预案

为切实做好学生参加劳动实践活动期间的安全管理工作,积极应对可能发生的重大安全事故,及时组织人员做好抢险救护工作,确保师生的生命财产安全,根据上级规定并结合本校实际,特制订本校劳动安全应急预案。

四、安全应急组织机构

为切实加强学生参加劳动实践活动期间安全工作的组织领导,确保应急工作的顺利进行,职责明确,责任到位,学校成立安全应急领导小组。

组长:×××

副组长:×××、×××

成员:×××、×××、×××

领导小组主要职责:

(1)指挥有关老师立即到达规定岗位,采取相应的应对措施。

（2）安排老师开展相关的抢险排危或实施求救工作。

（3）根据需要对师生进行疏散，并根据事件性质，及时报请上级有关部门。

（4）根据需要对现场采取控制措施。

五、重点部位的安全事故类型

（1）劳动实践活动过程中摔伤、砸伤、碰伤等事故。

（2）劳动实践活动操作事故。

（3）学生参加劳动实践活动及往返途中安全事故。

（4）其他意外伤害事故。

六、安全责任人职责

（1）安全应急领导小组成员确保通信畅通。

（2）有关人员到岗在位负责。

（3）有关人员要认真地检查巡视，发现隐患及时报告。

七、应急处理

（一）应急指挥

应急处理指挥由本预案应急领导小组组长，即由分管的校领导任总指挥，负责组织协调指挥抢险疏散，及时拨打抢救中心电话并向上级报告有关情况。总指挥如因故不在，由副组长代为行使职权。

（二）现场抢险救援

（1）劳动事故现场由校长负责总指挥。

（2）现场的辅导员、班主任负责做好本班学生的自我安全保护工作。

（3）通道安全的疏导由安全处负责指挥调集。

（4）发现学生在劳动实践活动中受伤或身体不适的，应当立即向学校应急领导小组报告，并送校医务室救治。如校医、学校应急领导小组认为有必要送医院救治的，应迅速通知家长，并由家长陪同就医，若家长不能陪同的，必须由校医或有关老师陪同送到医院。

（三）善后处理

事故发生以后由校应急抢险指挥小组领导及有关安全责任人员参加善后处理，除负责现场抢险外还应及时报告主管部门并积极配合上级领导对事故情况进行调查，参与分析事故产生的原因、提出对事故责任人的处理建议等工作。

八、相关安全措施

（1）带队指导老师或辅导员（班主任）负责本班劳动实践活动意外伤害事故发生后的应急处理工作。

（2）每次参加劳动实践活动前，应制订详细的活动计划，认真做好各项准备工作。

（3）活动前要做好四个层次的安全教育：全校集中教育、二级院（系）安全动员、班级教育、家长配合教育，增强学生的安全意识和自我防范能力，牢固树立集体主义观念，培养学生守纪律、讲秩序的良好习惯。

（4）如需要车辆的活动，要求汽车租赁公司选派能自觉遵守交通法规、驾驶经验丰富、技术熟练的驾驶员和车容、车况、安全性能好的车辆，条件成熟的二级院（系）可以为学生购买人身意外险。

（5）一旦发生意外伤害事故，事故现场主要负责人应立即向总指挥汇报。总指挥应第一时间赶赴现场组织抢救工作，并由应急领导小组负责统一上报地方教育局直至教育厅。

（6）带队指导老师或辅导员（班主任）应检查学生的受伤程度，情况严重的应立即拨打120急救电话，并详细说明学生的情况和学生的位置。

（7）带队领导、辅导员（班主任）、带队指导老师应立即组织实施力所能及和切实有效的抢救措施。

参考文献

[1] 朱玉. 新形势下高校开展大学生劳动教育实践的探索 [J]. 成才之路, 2023(1):4.

[2] 黄晓红. 高职院校劳动教育课程实施创新研究 [J]. 前卫, 2023(3):3.

[3] 高辉, 塔莉. 大学生劳动教育课程的实践探究 [J]. 中文科技期刊数据库 (全文版) 教育科学, 2023(3):4.

[4] 王伟江. 高校劳动教育课程建设的价值、困境与路径研究 [J]. 林区教学, 2023(1):4.

[5] 牛宗岭, 高丁宇. 新工科背景下大学生劳动教育的实现路径研究 [J]. 中文科技期刊数据库 (全文版) 教育科学, 2023(3):3.

[6] 费伟健. 三全育人视域下"劳动 +"教育模式的实现路径 [J]. 商情, 2023(10):4.

[7] 靳红. 劳动精神融入高校职业生涯教育的路径探析 [J]. 教育探索, 2023(1):5.

[8] 余乐. "1+X" 证书制度下农业高职院校劳动教育课程体系构建研究 [J]. 现代农机, 2023(2):3.

[9] 付云华. 生态论视域下大学生劳动教育进路探究 [J]. 哈尔滨职业技术学院学报, 2023(1):4.

[10] 张燕, 秦乐, 刘刚. 生态视域下大学生公益劳动教育面临的问题和提升路径: 基于 N 省 9 所高校的分析 [J]. 白城师范学院学报, 2023, 37(1):7.

[11] 任平, 林嘉雯. 德国高校劳动教育专业课程体系的主要特征与建设经验: 以六所高校劳动教育本科专业为例 [J]. 中国人民大学教育学刊, 2023(1):16.

[12] 蔡婧. 劳动教育实现高校心理育人的实践路径 [J]. 湖北开放职业学院学报, 2023, 36(6):3.

[13] 张诗影, 华嘉程, 李琦, 等. 劳动开创未来: 高校劳动教育实施效果评价与改善路径研究 [J]. 中文科技期刊数据库 (全文版) 教育科学, 2023(1):5.

[14] 刘青, 魏颖. "五育并举" 背景下加强高校劳动教育的内在依据与策略 [J]. 中国科技经济新闻数据库, 2023(4):4.

[15] 何悦, 刘瑞儒. 新发展阶段地方高校劳动教育实施路径探析 [J]. 哈尔滨职业技术学院学报, 2023(1):4.

[16] 杨琪琪, 蔡文伯. 我国大学生劳动教育演变与制度重构 [J]. 高校辅导员学刊, 2023, 15(2):6.

[17] 刘健, 张赛飞. "互联网 +" 背景下高校劳动教育现状及路径研究

[J]. 镇江高专学报, 2023, 36(1):4.

[18] 许泽浩, 刁衍斌. 基于系统思维的高校劳动教育人才培养路径探索[J]. 高教探索, 2023(1):5.